グーグル流・新しい価値を生み出し
世界を変える人たち

NEW ELITE
ニューエリート

ピョートル
フェリクス・グジバチ
Piotr Feliks Grzywacz

大和書房

はじめに
モルガン・スタンレーでイケイケだった僕が、あっさりスーツを捨てた理由

日本で働き始めたとき、僕は毎日スーツを着ていました。2006年にモルガン・スタンレーで働くようになってからも、相変わらずスーツにネクタイで働いていました。当時、平日の昼間にTシャツ1枚で歩いている人を目にするようなとき、心のどこかで優越感を持っている自分がいました。

当時は、リーマンショックが起こる前で、金融業界はイケイケの時代。外資系金融機関で働く人には多額のボーナスが支給されており、彼らのプライドは非常に高く、僕も高級なスーツを身にまとう自分にちょっとだけ酔っていました。Tシャツや短パンで街を歩いている人は、不安定な職に就いているフリーターだ。自分とは別世界に住んでいる人だ。そんな偏見を持っていたんです。

でも、今では考え方が一変しました。そのきっかけは、なんといってもグーグルに入社したことです。

グーグルから声を掛けられて、初めてオフィスを訪ねたときは、いつものようにスーツを着て行きました。当時、すでに「グーグルにはスーツで行くな」という噂があるのを知ってはいましたが、スーツで面接に行っただけで不採用になるなら、そんな不寛容な会社は別に行かなくていい、と割り切りました。

「スーツで来ました。どうもすみません」

面接の第一声では、冗談めかしてそんなふうに切り出した記憶があります。

■グーグルの面接で受けた衝撃

僕の面接に立ち会ったのは、エンジニアリングのトップにいた人でした。無造作な長髪に、古くさいTシャツ、大きめの眼鏡に、伸ばし放題のヒゲ。僕がそれまで一方的に見下していたタイプそのままの格好でした。

しかし、会話を始めた瞬間に印象が変わりました。なぜなら、エンジニアなのに、人材育成について非常に鋭く、核心を突いた質問を矢継ぎ早にしてきたからです。

そのときから、スーツを着るかどうかなど、どうでもよくなりました。同時に、自分がどれだけ偏見を持っていたのかも理解しました。そして、「この会社なら何か面白い仕事ができるかもしれない！」と直感しました。

グーグルのドレスコードは、Wear something。要するに何か着ていれば、裸でなければ何でもいいということ。グーグルの社員は皆、「スーツよりも、Tシャツのほうが格好いい」という価値観を持っています。僕もグーグルに入社してから、着たい服を着たいように着る、と心に決めました。


すでにシリコンバレーでは、スーツを着ている人たちがモテなくなっています。フェイスブックやグーグルの経営者をはじめ、今伸びているスタートアップで働く人は、純粋に仕事の結果だけで勝負をします。彼らが求めているのは「ゼロから新しい価値を生み出すこと」。そこに着るものは関係ないという考えです。

外見で人や仕事を判断していた時代が終わり、「私たちはどのように働き、生きるのか」という大きな視点で見ても変化が必要な時代に入っているのです。

■悲しき日本のオールドエリートたち

従来型のオールドエリートは、固定化された「地位」みたいなものでした。

有名大学を卒業したら、学歴エリートとして「○○大学卒」という肩書きのもとに生き続ける。あるいは、いったん大学の教授になれば、ずっとアカデミズムの世界でエリートとしての地位が保証される。一部上場の大手企業に就職すれば、エリート社員として居続けられる、という具合です。

でも、裏を返せば、オールドエリートには成長の余地がないということです。一度、上り詰めてしまったら、それ以上の伸びシロがない。これは悲しいことです。

これからの時代をリードする人には、もっと違う定義づけができるはずです。重要なのは、「今どこにいるか」という地位よりも、元いた場所と今いる場所に差があるということ。つまり、**僕の成功の定義は「持続的に成長していること」**です。

たとえば、会社員だった人が努力の末に起業の夢を実現したら、それがどれだけささやかな事業であっても、見上げるような成功です。小さな会社でも、転職してやりたかった仕事に就けたのなら、やっぱり成功です。

一定期間で区切った成長度合いで比較すれば、特に成功者とみなされていない人の中にも、実は成功者が存在します。

むしろ、彼らが成功者とみなされる時代が遠からずやってくるはずです。こうした人を、僕はニューエリートと定義しています。

■そもそも僕は全然エリートではなかった

僕は1975年に、当時は社会主義国だったポーランドで生まれました。少し長くなりますが、当時のことを書かせてください。

ポーランド国民の9割以上はカトリック教徒ですが、共産党政権下ではカトリックは弾圧の対象です。旧ソ連の圧力によって、カトリック教会が潰されそうになったことがきっかけで、民主化運動が盛り上がり、それを潰そうと1981年の12月から戒厳令が敷かれ、軍隊が国を支配しました。

経済封鎖で食料は配給制になり、スーパーにはパンと酢しか置いておらず、わずかな肉を求めて長蛇の列ができました。その後いろいろあって、最終的にレフ・ヴァウェンサたちが頑張って鉄のカーテンが消滅したのは1989年です。そのとき僕は14歳でした。

共産主義体制のもとでは、すべての人が平等に扱われます。お店に商品が並んでいなくても、誰にでも仕事が与えられ、いくら仕事で頑張っても給料は変わりません。それが僕にとっての「仕事」の原風景です。

僕が住んでいた田舎の小さな村では、職業学校で手に職をつけたあと、工場や農家で働くのが当たり前。高校に行く人はほとんどいませんでした。大学を出ても共産主義で平等なので、腕のいい職人のほうが給料がたくさんもらえたからです。でも、僕は高校に行って勉強がしたかった。世の中が大きく変わると思っていたからです。高校に進学したのはクラスで僕一人だけだったので、「高校なんて行ってどうするの？」とずいぶん馬鹿にされました。

1989年に民主化が実現し、資本主義の世の中になって、豊かになれると誰もが信じていました。ところが、現実は甘くありませんでした。資本主義の考え方の一つに、コーポレートリストラクチャリング（企業の再構築）というものがありました。地域の会社に西側諸国の企業が資本家として入り、企業を再構築する考え方です。「再構築」と言えば聞こえはいいのですが、地域社会に深刻な問題をもたらすことも多々ありました。たとえば、5000人ほどの町で1000人くらいを雇用している、家族経営の地域密着型企業があります。こうした会社は、利益率はそこまで高くないものの、何十年もの間、町の人々の生活を支えてきました。

そんな会社に対して、資本家が新しい社長を据え、経営の立て直しを始めるのです。もともと家族経営なので、経営的に甘い部分はあります。効率化のために人がどんどん減らされました。場合によっては「儲からない」という理由で事業を売却し、会社を潰すケースもありました。

想像してみてください。５０００人の町で１０００人を雇用していた会社がなくなるのです。地元の雇用を支えていた国有工場の多くは、民間にタダ同然で払い下げられ、隣のドイツから入ってきた企業の手に渡りました。外資系の工場なら給料も上がるに違いないと思って喜んでいた従業員たちの期待は見事に裏切られます。なんと、ドイツ企業は手に入れたポーランドの工場を次々と閉鎖し、さらに、ドイツで生産したものを持ってきて売りさばいたのです。

僕の村では失業率がいきなり１００％近くにまで跳ね上がりました。年の離れた僕の2人の兄たちも突然仕事を失いました。上の兄はずっと仕事がなくてアルコール依存症になり、酔っ払って自動車事故に遭い命を落としました。

18歳になった僕は、お金がないから勉強をあきらめ、高校を辞めてドイツに出稼ぎに行きました。そこで、たった1日の労働で父親の給料の2、3ヵ月分のお金を手にしたのです。それは、今までの生活を根底から否定されたくらいの衝撃でした。このままではダメだ、自分自身が変わらなければ、と強く思いました。

その後、ポーランドに戻った僕は高校を卒業し、必死に働いて学費を稼ぎながら、大学も卒業します。３つの大学院に進学し、外国の大学にも行きました。日本に来たのも、千葉大学で日本人の消費行動を研究するためです。

でも、僕にはコンプレックスがありました。グーグルでも、その前に働いていたモルガン・スタンレーでも、同僚は皆お金持ちばかり。スタンフォード大学やコロンビア大学を優秀な成績で卒業した超エリート集団です。だから、話はまったく通じません。お金がなくて高校に行けなかった人なんていないし、家族旅行で南の島にヨットで行ってきたという話をされても、別世界の出来事です。自分の生まれ育った環境について、普通に話せるようになったのは、つい最近のことです。

■ポスト資本主義社会では、ゼロから1を生み出す人が成功者

共産主義が資本主義に敗北した。それはよく理解しています。では、**資本主義は本当に勝利したのか。僕には、そうは思えません。**資本家や経営者は会社で働く人の人生を顧みない。労働者も、自分の夢や家族を犠牲にしながら、会社の中で奴隷のように時間を費やす。僕が、故郷の小さな村と一人の兄を失った結果がこれなのかと思うと、どうにもやりきれないのです。

そもそも会社は、人が幸せに生きることをサポートする存在であるはずです。僕は、そういう考え方を世の中に広めたいと願っています。

亡くなった兄は、体制が変わり世界が変わってしまったら、人生には意味がなくなると考えていました。だから、変わってしまった世界に居場所を見つけることができませんでした。僕は逆に、世界が変わって新しい波が来るなら、その波にうまく乗るためにはどんな立ち方をすればよいのかを考えていました。

そういった少しの意識の違いで人生は大きく変わります。だから、僕は多くの人に働く意味や、会社が存在する意義を問いかけ続けているのです。

さて、現代の日本に話を戻します。

日本人にとってエリートとは、「有名大学を卒業し、一部上場の大手企業に就職し、順調に出世コースに乗っている人」というイメージがあるようです。でも、大手企業に就職しても、入社5年目くらいにコアメンバーに選ばれるかどうかで、エリート／ノンエリートの選別がなされてしまう。これが現実です。

「持続的に成長している人」という成功の定義に照らし合わせれば、あまりに偏っています。出世コースから脱落しても、大企業に就職しなくても、そもそも就職すらしなくても、人は成功できるに決まっています。

「お金」という資本を使ってビジネスをする資本家と、労働によって「お金」という対価を得る労働者。この両者によって成立するのが資本主義です。資本主義社会では、大きな資本を持つ資本家が力を持ち、より多くのサラリーを得る労働者がエリートとされます。大企業の経営者や大企業に勤務するサラリーマンが成功者になるわけです。

けれども、もはやお金は人々が価値をやりとりする手段の一つにすぎません。お金を持っていなくても、ＳＮＳで多くの人と繋がれば、その繋がりをもとにビジネスを起こすことも可能です。現に、大資本から外れたところで、魅力的なビジネスがたくさん生まれています。

つまり、すでに資本主義社会は終焉を迎え、ポスト資本主義社会が到来しつつあるということ。**これからの時代をリードする人は、ポスト資本主義の世界の仕組みを作る人たちです。**

僕は、従来のエリート像とはまったく異なる人たちと、毎日のように出会っています。

「新卒で入社した会社を３ヵ月で退社し、独立した人」

「会社で苦労した結果うつ病を発症し、絶望的な気持ちで退社を決意したものの、復帰してから見違えるようなパフォーマンスを発揮している人」
「14歳で会社を立ち上げた人」
「会社に勤務しながらアーティストとしても活動している人」

彼らは、新しい価値をどんどん創造しています。皆ゼロから1を生み出すという意味では、同じ立ち位置で仕事をしています。

彼らは世界を自発的に変えようとしています。

世界を変えるための方法は様々ですが、「面白いからやっている」「やりたいから勝手にやっているだけ」「自分がやらなければならない」というスタンスは共通しています。

今、世界に影響を与え、世界を変えようとしているグーグルやフェイスブックなどの企業を見ると、**「世界を変える」という大義名分と「楽しいからやっている」というモチベーションが両立しています。**

僕の会社では、接しているビジネスパーソンを5つの層に分類しています。

①変革層（社会に魔法をかけ、変革を起こす影響力を実際に持っている）
②実践層（「こうしたら変わるかな」「やっぱりこうしよう」という実験と工夫を繰り返

し実践している）

③変えたい層（「変えなきゃ」「どうしたら変えられるのかな？」と思いつつも実行力と勇気が足りない）

④気づいた層（「このままじゃダメだ」「でもグーグルみたいにはなれないし」などと、課題を自覚しつつも、半ばあきらめていて行動力も低い）

⑤ゆでガエル層（現状で満足していて、変化の必要性に気がついていない）

可能性があるのは「③変えたい層」から上の層です。「①変革層」の人こそがニューエリートです。この本を手にしているということは、あなたはまさか「⑤ゆでガエル層」ではないはず。では、今どの層にいるでしょうか。「①変革層」に位置する意識と自覚をお持ちでしょうか。

■変化は突然やってくる。次の可能性に備えておこう

僕が言いたいのは、自分が今当たり前だと思っている世界は、全然当たり前ではないということです。家族が離れ離れになってしまうかもしれないし、会社がずっと安泰とは限らないし、国や地域社会が崩壊してしまうことだってあるのです。

	オールドエリート	ニューエリート
性質	強欲	利他主義
要望	ステータス	インパクト・社会貢献
行動	計画主義	学習主義
人間関係	クローズド（差別）	オープン（コミュニティ作り）
考え方	ルールを守る	新しい原則を作る
消費行動	誇示的消費*	ミニマリズム

*目立つための消費。社会的威信を得るために高価な商品を消費するような「見せびらかすための消費」もその一つ。

変化は突然やってきます。僕たちはそうした変化を止めることも、避けることもできません。だからこそ変化を受け入れ、変化を乗りこなし、変化を楽しむ必要があるのです。

変わること。変わり続けること。そのためには、常に次の可能性に備えておくことです。変わる前提で動いている人は、何か想定外のことが起きたときも柔軟に対応できます。

変化することにはリスクが伴います。でも、変わらないこともリスクなのです。**今の環境が永遠に続くというのは幻想でしかありません。**

だからこそ、皆さん自身が変わる準備をしておく必要があるのです。

この本では、これからの時代をリードする

人とは、どんな価値観を持って、どんな仕事をして、どんなふうに生きているのかについてあれこれ語っていきます。

僕が伝えるメッセージが、自分を変えたい人、新しくて楽しい仕事をしたい人、社会を変えたいと思う人に少しでも響けばと願ってやみません。

ニューエリート　グーグル流・新しい価値を生み出し世界を変える人たち ―― 目次

はじめに ―― 1

第1章 2020年代の「成功者」とは？

クビになる準備はできているか？ ―― 22
未来は予言できない。しかし新しい仕事を作ることは、今できる ―― 29
会社に合わせて生きるくらいなら、社外に道を切り開け ―― 36
時代をリードする人材は「自分が見たい世界」を作る ―― 43
お金を得ることだけが自己実現ではない ―― 57
消費者は何にお金を投じるようになるか？ ―― 60
働かなくていい世界になったら、何が「成功」になるのか？ ―― 64

第2章 つねに学び、自分をアップデートする

学び続ける人しかチャンスをつかめない ― 70
アフターファイブに勉強するより、仕事に学びを絡めよう ― 74
その道のプロに会うためにお金を使うのが、自分がプロになる近道 ― 81
人に会うときは、相手の学びになるよう頭を使う ― 88
この3つを学べば、ハイレベルな会話に入れてもらえる ― 93
ピョートル流・情報収集術 ― 96
毎年「テーマ」を決めて脱皮する ― 101
師匠をたくさん持つことで思考停止を避ける ― 104
セミナーでは、何か一つ持ち帰れたら上出来 ― 109
学力よりも必要になる、世界の問題を解決する能力 ― 114

第3章 決断は直感で。早く動いて結果を出す

決断の速さが結果を大きく左右する ― 122
直感で決断した後に必ずやるべきこと ― 128
直感のセンスを磨く2つの方法 ― 131
日本人にはフィードバックが圧倒的に足りない ― 136
瞬間に集中することで目の前の選択肢を増やす ― 143
ブランディングは偶然から生まれる ― 147
何でも面白がると、その場が建設的な方向に進んでいく ― 152
偶然にどう反応するかで、次のチャンスに出会えるかが決まる ― 157
成功するかどうかを握る一番のカギ ― 160
「楽しんで仕事した者勝ち」の世界がやってくる ― 163

第4章 会議・チーム作りはアウトプットから逆算する

チームメンバーは固定させない ― 170
コミュニケーション能力の評価基準は「相手が行動してくれたか」のみ ― 176
「リーダーシップ」はメンバー全員が持つべき「スキル」 ― 179
日本女性は世界に通用するリーダーシップを持っている ― 186
アウトプットに不要なメンバーは会議に呼ばない ― 189
「質の高い質問」から雑談を始めてメンバーの価値観を知る ― 193
会議は一回ですべてを終わらせる！ ― 199
イノベーションを生み出すチームの条件 ― 203
上司の顔色を見ながら働く日系企業の弱さ ― 209
ダメなチームの原因は上司の褒め方にある ― 212
たまには「飲みニケーション」から学んでみる ― 217

第5章 スプリントのリズムで体調を管理する

楽しくなければ仕事はできない。
部活のノリは学生時代で終わりにしよう — 222
マラソンではなくスプリントの発想で生きる — 227
４つのエネルギーレベルを管理する — 233
①体のエネルギーを整える — 234
②感情のエネルギーを整える — 239
③集中のエネルギーを整える — 244
④スピリチュアル・エネルギーを整える — 247
自分で選択した疲れは心地いい — 250

第6章 人材をめいっぱい活かす企業のやり方

人材を活かす企業は「従業員の自己実現のために会社がある」と考える ― 254
会社都合で働かせるのには限界がある ― 258
会社選びはネットショッピングに近づいている ― 265
会社の戦略を実現させるのに不可欠なこと ― 268
あなたはストームトルーパーになりたいか？ ― 271
クリエイティブな人材を見分ける前にやるべきこと ― 275
学歴も見た目も関係ない。人材はすべて結果で判断する ― 279
幸せに働き続けるために、日本の職場に足りないもの ― 282

あとがき　２０５０年の世界を創造しよう ― 291

第 1 章

2020年代の「成功者」とは？

クビになる準備はできているか？

最初に質問します。

Are you ready to get fired ?――「クビになる準備はできていますか？」

これからの時代は、自分の仕事がどこまで続くのか、きちんと先読みをしなければなりません。〝その時〟が来たらすぐ動けるように、準備しておくことが必要です。

1800年代のアメリカに、アイスハーヴェストという天然氷を切り出して世界に販売する仕事がありました。家庭で食料を冷やすための氷です。その頃からすでに生産性や効率性という言葉が流行っていて、イノベーションによって、氷を速く切り取り流通させるシステムが作られていました。

けれども、彼らが頑張っている間、その業界の常識をまったく知らない人たちが参入してきて、製氷機械を使って工場で氷を作り始めたため、一年中いつでも氷が手に入るようになったのです。天然氷を切り出し販売していた事業者は皆その仕事を失いました。

ここで注目すべきなのは、天然氷の切り出し事業者のうち、製氷工場の事業に転業できた事業者は一社もなかったということ。そしてさらにイノベーションは続き、家庭でも必要な氷が作れる冷蔵庫が登場しました。

このように、**その業界での主流技術とは全然違う技術によって従来のビジネスが壊滅的打撃を受ける破壊的なイノベーションは、今に始まったことではなく、大昔から起こり続けてきました。**ただ、20世紀以降、そういった事例が増えるようになり、AI時代の今は毎日のように起こっています。

現代的な事例を2つご紹介します。

一つは、エアビーアンドビーとハイアットの事例です。エアビーアンドビーとは住宅や物件を宿泊施設として登録し、貸し出すためのプラットフォームを提供するウェブサービスです。個人・法人を問わずに利用でき、共用スペース、戸建て住宅、アパート以外にも、個人が所有する島まで幅広い物件が登録されています。

エアビーアンドビーは登場以降、あっという間にホテル業界のトップ企業になりました。数年間でハイアットの市場価値を3倍も上回ったのです。

もう一つは、ウーバーの事例です。ウーバーは、一般的なタクシーの配車に加えて、一般人が自分の空き時間と自家用車を使って他人を運ぶ仕組みです。2009年の会社設立以降、短期間で広まり、現在では世界84の国・地域の760以上の都市で運営されています。ヨーロッパでは、職を失うことを恐れたタクシー運転手たちによるストライキや暴動、ウーバー運転手への攻撃が相次いでいます。

1811年から1817年頃のイギリスで、ラッダイト運動が起こりました。これは、産業革命により機械が普及し、失業の恐れを感じた手工業者・労働者が機械を破壊した運動です。ウーバーへの攻撃は、これになぞらえて「ネオ・ラッダイト運動」と呼ばれるようになりました。**今は、産業革命に匹敵する変化の時代**と言えるでしょう。

製氷工場を作った人たちや、冷蔵庫を作った人たち、エアビーアンドビーやウーバーのような企業など、パイオニアと呼ばれるような人たちには、共通点があります。一見愚かなアイディアをビジネスにする、新しい行動パターンを作る、新しい考え方を競争が激しい飽和マーケットに持ち込む、まずマネタイズしない、経験がない創立者……などです。

■これからの時代、生き残る人材とは

人間の働き方は変化し続けてきました。氷を収穫していた時代は、生産経済の時代です。この頃は肉体労働が主で、求められたのは服従と勤勉さです。

しかし次の段階、ナレッジエコノミーの時代になると、専門性や知恵が求められるようになりました。ところが、これらも今やアウトソーシングで事足ります。

これからの働き方のステージは、クリエイティブエコノミーです。そしてこの時代に生き残る人材や企業は、ゼロから新しい価値を生み出す人々であり、彼らに求められるのは、情熱、創造性、率先です。

デジタル化によって民主化が進むと、個人の軸をちゃんと持たないと大変です。平凡な人は会社保障と社会保障を求めていますが、これからは個人の力で動いていくことが必要です。

行政もゼロから1を生み出す仕事になっていきます。個人がどういうふうに考えれば成功できるのかといえば、官僚でも誰でも起業精神が必要になります。

行政と民間はこれからどんな関わりになっていくのか考えてみましょう。たとえばエス

トニアは人口約130万人の国ですが、行政＝サービスになっています。インターネットで申請すれば、エストニアのバーチャル居住民になれるので、日本人でも会社を登記できたり保険に入れたりします。

これからは、このような国同士の競争になるでしょう。自分が何をやりたいかによって、どこに行くのかを決めたほうがいい世界になるのです。

一つ象徴的な事例をご紹介しましょう。僕の友人に、アフリカ・マサイ人のリーダーであるエマニュエル・マンクラさんがいます。彼は、子どもの頃から学んできたマサイ人ならではのサバイバル術やリーダーシップを先進国に紹介する取り組みを行っています。

マサイ人はもともと文明との接触を極力避け、独自の文化を守ってきました。しかし、将来的に生き残るためには変革を避けて通れないことを自覚し、一転してグローバルに打って出る決断を下したのです。

エマニュエルさんは、これを「Breaking the Taboo（タブーを破る）」と呼び、マサイ人は「New Territory（新たなテリトリー）」に一歩を踏み出したと語っています。すでにマサイの人々は子どもを学校に通わせる、女性に教育を受ける権利を与える、女性器切除を禁じる、他族との戦いを禁じるといった、従来の文化を打ち破る取り組みを進めています。

これからの働き方のステージ

2020年代の成功者が2050年代をつくっていく

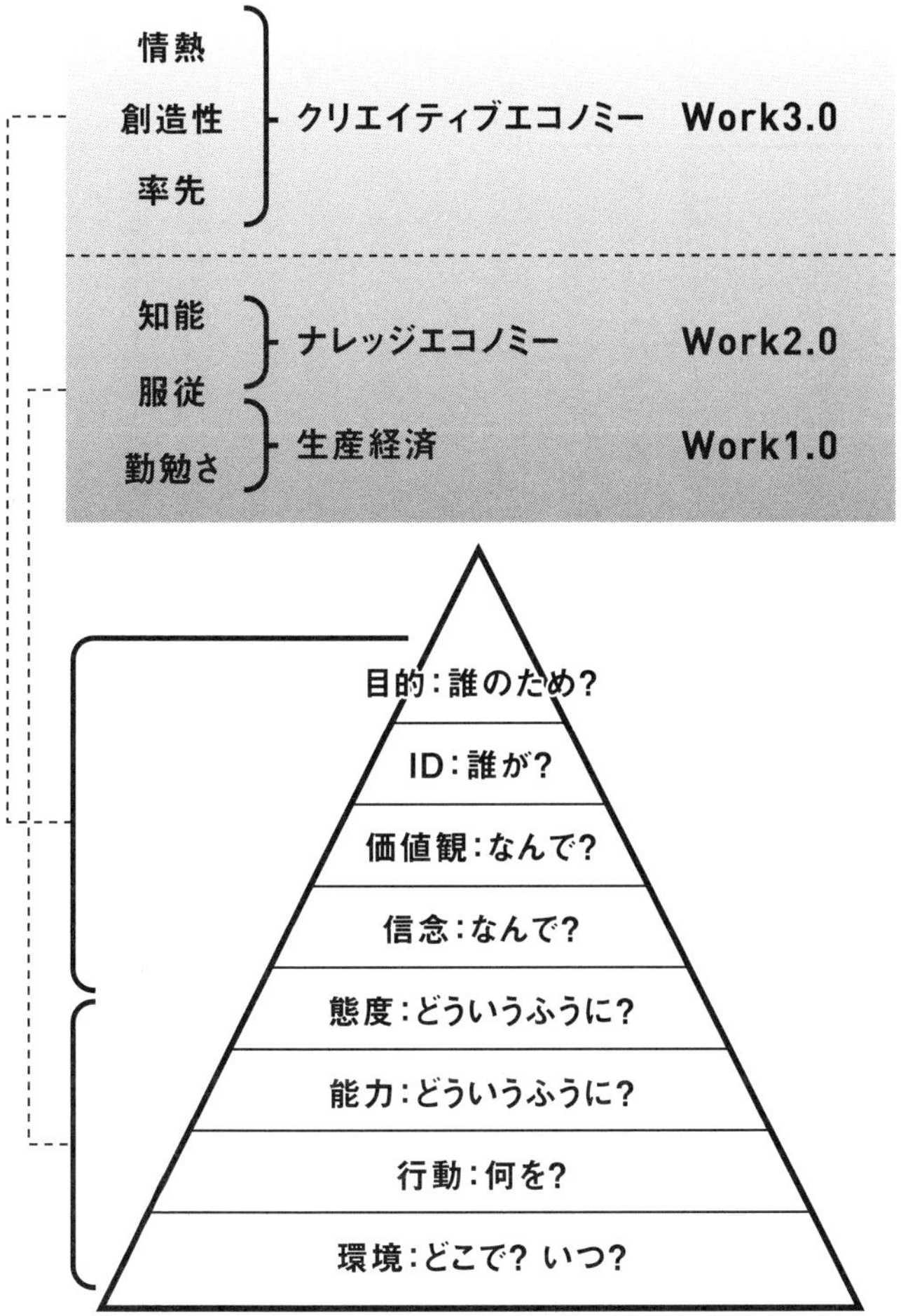

変革とは、このようにダイナミックなものです。時代の中で生き残るとは、こういうことです。

この章では、これから時代がどう動くのかと、ゼロから新しい価値を生み出す人々について説明していきます。

未来は予言できない。しかし新しい仕事を作ることは、今できる

ハーバード大や東大の卒業生の中には、祖父母の代からハーバード、東大を出たというエリート家系の人がいます。彼らは、代々同じ中学、高校を卒業して、同じ大学を出て親の企業を継いだり、医者や弁護士になったりします。

裕福な家族が、教育に手厚い投資を行い、子どもを有名大学に入学させ、エリートコースを歩ませる。これを一概に否定するつもりはありません。

でも、今や自動化・アウトソーシング化やAIによって、これまでの仕事が急速に変化し、消滅してしまうことも実際問題として起こっています。

たとえば、弁護士という職業は、社会的なステータスも高くエリートの職種として認知されています。弁護士になるには、難関と言われる司法試験を突破する必要があります。そのために求められるのは、既存の法律をひたすら学ぶことです。たくさんの法律に精通

し、問題解決のために過去の判例を参照できる。今までは、それが弁護士の能力として尊重されてきました。

しかし、それらの仕事はＡＩによって自動化できます。すでに裁判前のリサーチのために数千件の弁論趣意書や判例を精査するソフトウェアが活用されています。アメリカのソフトウェア大手シマンテック社のサービスを利用すると、２日間で57万件以上の文書を分析できるそうです。もはや人間が太刀打ちするのは不可能です。

新任弁護士の仕事は、ＡＩに取って代わられると見られています。少なくとも、パラリーガル（弁護士秘書、法律事務員）の仕事がなくなる可能性は濃厚です。

おそらく10年前の弁護士の仕事と、10年後のそれとは、まったくの別物になっているはずです。もしかしたら、弁護士そのものが不要となる時代がくるかもしれません。弁護士になるために、ハーバードロースクールや東大の法科大学院に進学して勉強するというキャリアが閉ざされる可能性も十分にあります。

■生まれたばかりの子に「いい大学、いい企業に」と願うのは無意味

アメリカ・デューク大学（当時）のキャシー・デビッドソン教授は、「２０１１年度に米

国の小学校に入学した子どもの65%は、大学卒業時に今は存在しない職業に就くだろう」と言います。

また、イギリス・オックスフォード大学でＡＩの研究を行うマイケル・Ａ・オズボーン准教授は、「今後10～20年程度で、米国の総雇用者の約47%の仕事が自動化されるリスクが高い」との見通しを発表しています。

日本でも、「ＡＩによってなくなる仕事」という記事を頻繁に見るようになりました。

僕自身、「20年後はどんな世界になっていますか？ どのような職業が生き残ると思いますか？」という質問をよく受けます。ある程度の先読みはできるかもしれませんが、本当に正しい未来予測をするのは不可能です。

だから、今生まれたばかりの子どもに、「いい大学に入って、いい企業に就職してほしい」と願うのは無意味です。

もしかしたら「10年後はグローバル化が加速するから、英語を学んでおくとよい」と言えるかもしれません。将来に備えて準備することは大切です。ただし、それもムダになる可能性があります。10年後は自動翻訳が普及しているかもしれないし、共通語としての英語の価値が低下しているかもしれないからです。

一度、「大手企業の社員」「弁護士」というエリートコースに乗ったからといって、それが10年後にも保証されているわけではない。逆に言えば、今のいわゆる「エリートコース」から外れている人も、それだけで将来が閉ざされたとは言えない。まずは、この事実をしっかり認識してください。

■東芝ではなくアップルを目指す

未来にどんな波が来るのかを先読みすると同時に、自分から新しい波を作ることも重要です。何度も言いますが、要はゼロから1を作るのです。

これまで日本人は、1を10にすること、既存の仕事をいかに発展させるかに力を注いできました。象徴的なのが、NTTなど、かつて「三公社五現業」と言われた企業、そして東京電力や東京ガスなどのインフラ企業です。

こうした企業は、国が大きく関与する形で運営されてきたため、働く社員のメンタリティも公務員に近いものがありました。電気代や電話代は国が決めてくれるから、企業努力はそれほど必要ない。その中で、原油価格が上がればそれに連動して電気代を値上げしていく、といった調整型のビジネスを続けてきました。

こうした企業の作った利益が、日本の電機メーカーへ設備投資として還元され、電機メーカーは日本経済を牽引しました。今、危機に直面しているとされる東芝やNECといった企業は、そうやって成長した企業です。

これは個人的な感想ですが、今の日本は江戸時代となんら変わっていません。お上が決め、それを各藩で動かす。今はそれが役人になり、地方自治体、天下り先が生き延びる（しかも短期的な目線しかない）ようにプランニングされています。ですから、地方の長も多くが官僚出身です。

マッカーサーが土地を国から国民に戻し、個性を重んじたのにもかかわらず、官僚は減反政策で刀狩のように国民の立ち上がる力をそいでいった。そして工業化へ国の力を注ぐことで地方過疎化の促進、国有財産の増加、人口減少へと進んでいったと僕は考えています。

だから**国の力が衰退している今、官僚の天下り先になっている企業が危機に陥っているのは自然なこと。**国の力とは人口です。

ソフトバンクの孫正義さんが、教科書を教科書業者に作らせるのではなくｉＰａｄに変更しようとしたように、国主体で動くのではなく、本当に何をしたらいいのかを考えている人が動いていかないと何も変わりません。今、経営の危機に直面している東芝でも、若手の有志が集まり、組織の垣根を越えて会社を復活させようとしています。希望を感じさせます。

アップル、ソフトバンクなどは、もともとゼロから企業を作ってきました。新しい価値観を提供しないと、既存の企業に太刀打ちできないので、常にイノベーションが宿命づけられています。こうやって成長した企業は、根本からスタンスが違うのです。

旧来型の企業で新しい波に翻弄され続けるのか。既存のコースを外れて新しい波を作るのか。それを自分で選ばなくてはなりません。

■日本という国が淘汰される可能性も考えてみよう

因みに、AI化が日本で進展する前提でここまで書きましたが、果たして本当にそうなるでしょうか？　**AI化が進むかどうかの話ではなく、「日本がその受け皿を維持し続けられるのか」という問題**です。

人口減少が進み、海外からの労働者が増えますが、その労働者も自国の発展とともに日本から去ります。そのときにAIの技術を入れたビジネスを日本でしたいと思う企業がどれくらいあるでしょう？　AIを導入するという企業は、今後の発展を見込んでいる企業です。その土壌が日本でなければいけない理由を見出せるでしょうか?

僕はかなり厳しいと考えています。フィールドを変えなければいけない。

今はもしかしたら、「クビになる準備はできているか?」ではなく、「日本を脱する覚悟はあるか?」と聞いたほうがいい時代なのかもしれません。

会社に合わせて生きるくらいなら、社外に道を切り開け

日本の大手企業に勤務する人たちを見ていると、おおよそ20代後半から30歳頃にかけて「壁にぶつかる人」と「壁を乗り越える人」に分かれます。

大手企業の多くでは、新卒で入社した社員の選別を、比較的早い時期から始めます。たとえば、入社数年時点でコアメンバーを選出し、「次世代リーダー研修」などと銘打った研修を通じて育成に着手します。コアメンバーから除外された社員は、20代後半から30歳頃までに、自分が選ばれていないと気づきます。

「同期の彼は合宿研修に呼ばれているようだけど、自分にはお呼びがかからない。もう出世の可能性はないのだろうか……」

このように、出世コースから外れたことにショックを受け、悩む人の話を聞きます。彼らは、コースから脱線したとたんにパフォーマンスが低下します。道が閉ざされたと思

い、投げやりな気持ちになるのでしょう。

でも、会社が決めた出世コースから外れたからといって、まだ他にいくらでも道はあります。第一、20代後半から30代前半で将来をあきらめるなんて、なんともったいないことでしょう。

要は、会社が決めた規格に合わなかっただけ。会社に合わせて生きるくらいなら、自分で新しい道を切り開くべきです。

社会を見渡せば、既存のコースはどんどん色あせています。IT業界を見ると、DEC、コンパックなど、かつて成功した企業が姿を消しています。まさに栄枯盛衰です。

一方で、現在成功している企業を見ると、業界内で戦っている企業ではなく、「新しく業界を作ろうとしている企業」であることに気づきます。グーグル、フェイスブック、エアビーアンドビー、ウーバーといった企業です。

最も成長している企業は、新しい業界を作り、競争がない市場でナンバーワンになっています。

これをキャリアに置き換えて考えてみましょう。会社内での出世競争に価値があるのは、たまたま会社が安定して存続しているから。そうやって培ったキャリアは、業界や会社がなくなれば、たちまち効力を失います。

一方、自分にしかできない仕事を作り出し、新規事業や社内起業などで成功している人たちは、会社という枠組みを越えて活躍できる人材です。

「それは一部のすごい人の話で、従来型の日本企業で働いている私には無関係な話だ」と言う人がいるかもしれません。しかし、本当にそうですか？　今の環境下では何も新しいことはできないというのは、単なる思い込みではないでしょうか。

■本業以外に取り組み、新しい価値を生み出す

変わらないと生き残れないと気づいた日本企業は、今、働き方を変えようとしています。僕も、社内起業家を増やしたいという会社からたくさんの相談を受けています。副業を推進する企業も出てきました。本業以外の仕事に取り組む経験が、新たな仕事を作り出すために役立ちます。

早晩、多くの企業がグーグルの20％ルール（就業時間の20％の時間で好きなことをしていいというルール。詳細は前著『世界一速く結果を出す人は、なぜ、メールを使わないのか』〈ＳＢクリエイテ

イブ〉をご参照ください）に類する仕組みを導入するでしょう。

たとえば、世界中の美術品を鑑賞できるアプリ「Google Arts & Culture」は、まさに20%ルールから生まれたサービスです。日本の企業でも、リーダーや会社が、「やってみる価値がある」「本人の成長に繋がる」と認めたチャレンジは、どんどん取り組める環境ができていくはずです。こうした変化に対応し、新しい価値を生み出せるかどうかが、今後キャリアアップのカギとなります。

一例として、ソニーで働きながら株式会社ハピキラFACTORYの代表取締役を務める正能茉優《しょうのうまゆ》さんをご紹介します。大学時代に、地方のお菓子などの商材を「かわいい」を切り口にプロデュースする会社を立ち上げ、最近では日本郵便のふるさと小包なども手掛けています。

彼女は仕事、家族、友達、恋人、趣味をバランスよく頑張りたいから、「自分の1時間あたりの価値」を最大化することが重要だと思い、そのためにオンリーワンの存在になろうと考えたそうです。そうして現在は、平日の昼間はソニーの社員として働き、朝や退社後、週末にハピキラの仕事をしています。

「不思議なもので、この働き方を受け入れてもらうと、会社に恩返ししたいというモチベーションが湧いてきて、『もう一度、世界のソニーにしてみせる』と本気で思っています」とインタビューで語っていました。

副業を認めることは、企業にとってもプラスになるのです。

■初心者であることは強みになる

新しい価値を生み出すために必要なのは、「初心者のマインドセット」です。

僕がグーグルで人材開発、組織開発の仕事をしていたとき、20％ルールの一環として「ピョートルのチームで働きたい」と希望する人がたくさんいました。

他にも、3ヵ月という期限付きのローテーションで僕のチームに参加する人たちもいました。たとえば、営業チームの人が3ヵ月だけ僕のチームに参加して、一緒にプロジェクトを進めていく。そんな経験を幾度となくしました。

そうした中で気づいたことは、初心者ならではの新鮮なフィードバックです。営業チームの人は、人材開発の専門家ではありません。だからこそ、手垢のついた発想や偏見から離れて、柔軟な発想や鋭い指摘ができます。実際、彼らから「人材育成の制度は、こうすればもっと使いやすくなる」とのフィードバックを受け、反映させることもありました。

新しい価値を生み出すとき、こうした「初心者のマインドセット」がとても重要です。

初心者は、業界のルールや慣習・規則にとらわれない、常識破りの発想をしてくれます。

キャリアアップを考えるときも、狭い業界内の発想にとらわれずに、自分のスキルをどのように活かせるのか、広い視野で考えるべきです。

■コミュニティも武器になる

会社や業界の外に目を向けて成功している人として、真っ先に思い浮かぶ人物の一人が沼田尚志《ひさし》さんです。沼田さんはヤフー株式会社社会貢献事業本部に所属しながら、様々な企業団体でも役職を持つ「スーパーイノベーター」。

彼は15歳のとき、原因不明の脳梗塞によって3年間意識不明になりました。意識が戻っても首から下がうまく動かず、言葉も前のようには出ず、3年位ひきこもっていました。現在も右半身はほとんど動かないそうです。

一念発起して大学に進学し、卒業後は大手通信キャリアに就職したものの、社内では評価が低かったようです。そこで会社の外に繋がりを求め、ありとあらゆるイベントや勉強会に参加。人脈をどんどん広げていきました。

やがて、ビジネスマンが何百人も集まるイベント「しんびじ」を主宰するようになりました。会社や上司が、そのコミュニティの価値にすぐに気づいたわけではありません。それでも、彼は毎晩のように飲み会を開いて、人と人とを繋げてどんどん新しい価値を生み出してきました。それがヤフーの目に留まり、転職。

今では彼の力があちこちで認められ、ヤフー株式会社社会貢献事業本部の他、一般財団法人ジャパンギビングChief Emotional Officer、株式会社IDOM動け日本人ラボフェロー、株式会社ブリリアントソリューション執行役員、Qetic株式会社フェロー、株式会社ドットライフCIOなど11社で役職に就くようになったのです。

会社の外に様々なコミュニティを作って、そこからイノベーションを生み出していく。その意味で彼は先駆的な成功者と言えます。

時代をリードする人材は「自分が見たい世界」を作る

これからの時代をリードする人材は、確かなビジョンを持っています。ビジョンとは、「こういう世界を描きたい」「こういう世界を見たい」というイメージのこと。

その「見たい世界」を作るために、自分がやるべきこと=ミッションを探し出し、そのミッションを果たしていきます。

ビジョンは実現しやすいかどうかよりも、実現しようとする意志の強さが重要です。ビジョンを実現したいというエネルギー(パッション)があれば、賛同する人は必ず現れます。ビジョン、ミッションが明確で、それを実現させるためのパッションを持っている人は、確実に結果を出します。

僕の周りを見ても、魅力的で、かつ結果を出している人は、明確なビジョン、ミッション、パッションを持っています。「こういう世界を作りたい」「こういう会社を立ち上げたい」「こういう仕事をしたい」という思いが明確なので、周りの人たちもその思いに惹かれてついていくのです。

その一例が、仁禮彩香《にれいあやか》さんです。仁禮さんは、現役の中学2年生だった14歳にして「子どもによる子どものための子どもの未来創造企業」である株式会社GLOPATHを起業。小学校の運営や企業との共同商品開発といった、様々な事業に取り組んできました。

彼女のビジョンは「子どものアイディアを実現する」「未来志向の学校を創る」「頑張る大人を子どもが応援する」と明確です。

そもそも彼女が学校を作る原体験は、小学生のときにありました。答えが一つしかない学校の息苦しさに耐えられなくなり、かつて通っていた幼稚園の学長に「小学校を創って欲しい」とお願いしたのです。

その願いに応えて、子どもの未来のために行動する大人の姿を見たことから起業したのです。明確なビジョン、ミッション、パッションを持てば、14歳でも起業できるし、応援してもらえる。日本も捨てたものではないですね。

■ビジョンは人を巻き込んで実現していく

ビジョンやミッションは自分一人だけのものではありません。「世界を良い方向に変えたい」「苦しんでいる人を救いたい」――こういうビジョンは、一人で抱えられるものでも、解決できるものでもないからです。

前述した仁禮さんも、何から何まで一人で進めたわけではありません。一緒に起業した仲間たちとお互いの強みで補い合いつつ、世代の異なる人と協同しながら大きな仕事を成し遂げています。

そして20歳になった今、彼女が掲げているビジョンは、自分の人生を自分の力で切り開くことのできる人を育める世界を作ることです。そのために、新たな未来志向の学校を創ろうとしています。僕も今年、彼女の学校立ち上げに関わることになりました。

そんな大きなビジョンを実現させようとする人は、周囲の人たちを巻き込んでいきます。「見たい世界」を魅力的に表現して、周りの人たちに共感してもらい、仲間を増やしていくのです。

歴史を振り返ると、かつて大きなビジョンをもとに人々を導いてきたのは宗教の指導者でした。たとえば、空海は真言宗の開祖である一方で、中国から最新の土木技術を持ち帰り、讃岐国（香川県）の満濃池《まんのういけ》を修復するなどの大きな業績を残しました。空海には多くの人を動かすビジョンと、周囲の人を巻き込む力があったと言えます。

■「誰もが自己実現できる世界」が僕のビジョン

僕のビジョンは、皆が自己実現できる世界を作ることです。そのために日々仕事をしています。僕のセミナーや著書に触れた人たちから受け取るフィードバックと、僕自身が伝えようとしていることが、「自己実現」という言葉で一致している実感を持っています。世の中の人は皆、自己実現することが、究極的には「生きる意味」だと信じています。

自己実現に至る道のりには、「自己認識」「自己開示」「自己表現」という過程があります（詳しくは283ページから説明します）。まず自分自身を深く理解し、それを周囲の人たちに開示していく。さらに、自己表現を通じて周囲の人に価値を与えます。料理、プログラミング、アート、文章など、誰でも得意なこと、好きなことで自分なりに表現できる分野があります。

介護や育児など人のお世話をするのが得意な人や、何かを教えるのが好きな人、物を売ることに喜びを感じる人もいるでしょう。

それぞれの表現を通じて、社会に貢献したり、周りの人から感謝されたりする。そこで起こるのが自己実現です。

自己実現＝他者貢献と理解すると腑に落ちます。自己実現とは、自分一人だけで完結するもの、自分本位な行動ではなく、他者と交わることで初めて可能となるものです。

自己実現を重視する人たちは、スキルを磨き、ビジョン、ミッションを持ち、それを実現するためのパッションを発揮します。それぞれを、どうやって身につけ、どのように発揮するかを日々考えています。

彼らは、今の仕事のやり方に慢心せず、もっといいやり方を模索します。どうしても今の仕事に限界を感じたときには、リスクを取り、転職や独立といった思い切った決断を下します。

自己実現をする才能は、持って生まれたものではありません。どんな人でも、自己実現を目指して変わることはできます。そのためのビジョン、ミッション、パッションを持つことは可能です。

■グーグルを成長させたミッション

シリコンバレーを見ていると、社会問題や環境問題などを解決するビジネスモデルが増えています。大きな社会問題を解決すれば、大きな収益に繋がりますし、ますます大きな投資やサポートも得られます。

まさに、このようなビジネスで大成長した代表的な企業がグーグルです。グーグルは「Don't be evil.（邪悪になるな）」というスローガンを掲げて成長してきました。簡単に言うと、グーグルがミッションとするのは、金融や政治、教育など、あらゆる情報を集めて、それに世界中の人々がアクセスできて使えるように提供していくこと。

たとえば、アフリカの子どもたちがスマホを持てば、様々な情報にアクセスできます。政治が不安定で、学校という環境が十分に整っていなくても勉強ができます。身につけた教育をもとに、社会を変えていくことができます。

そういったミッションを持っていたからこそ、世界の人々から支持が集まったのです。

日本でも、孫泰蔵さんがMistletoe（ミスルトウ）というプロジェクトを手がけています。

ミスルトウは植物の「ヤドリギ」という意味。これは起業支援策のようでありながら、それとは異なるプロジェクトです。特筆すべきは、技術やアイディアを持った起業家たちと「共同創業」するスタイル。製品開発や資金調達、ビジネス開発を一緒に進めるのです。

ミスルトウが関わるのは、食糧問題や少子高齢化問題など社会的に解決が困難とされている問題です。孫さんには「行き過ぎた資本主義」を修正しようとする意志を感じます。強いミッションの持ち主です。

人は未来を完全に予測することはできませんが、創造することはできます。今、人々から支持を集めて成長している会社は、未来を創造しようとする点において共通しています。孫さんのミスルトウプロジェクトもそうですし、後述するスペースXが人類を火星へ移住させようとしている計画もそうです。

世界が「今抱えている問題」を解決していくことも重要ですが、タイムマシンに乗って未来を創造するようなプロジェクトも重要であり、そこには確固としたミッションがあります。

あなたは、いったいどんなミッションを持っていますか?

それは、世界をどのように変えていけるでしょうか?

■新しい働き方を楽しむ2つの基準

僕が新しい働き方について言及すると、必ずこう言う人たちが現れます。

「それはグーグルだからできること。日本の企業では無理な話ですよ」

でも、どんなポジションであっても自己実現をする余地はあります。**重要なのは、仕事で自分が出しているアウトプットにプライドがあるか。そして、アウトプットを出すまでのプロセスを楽しんでいるか、です。**

新しい働き方というと、「最新のテクノロジーを使いこなす人」というイメージがあるかもしれません。もちろんテクノロジーは重要ですが、それはあくまで要素の一つです。シリコンバレーで新しいテクノロジーに関わっている人＝新しい働き方で自己実現している人、ではありません。

僕もお世話になっている世界トップアートディーラー、アルビオンアートの代表を務める有川一三先生という方がいます。彼の会社のミッションは、「ジュエリーの美と感動の世界を千年の時を超えて人類に貢献する文化として創造すること」で、海外含め各地でジュエリーの展覧会開催などの文化活動をしています。

日本の伝統的な文化や技術に関わっている人たちの中にも、自己実現をしている人はたくさんいます。

現に、日本の伝統的な文化や技術は、世界から注目され、多くの支持を集めています。僕から見ても伝統工芸品や生け花、着物などに携わっている人は、非常にクリエイティブでアウトプットにプライドを持ち、アウトプットのプロセスを楽しんでいます。

日本は先進国であり、文化的な活動を収入に繋げるだけのマーケットが存在します。良いアウトプットをすれば、事業として成り立つだけの収入に結びつけられます。


たとえば、お菓子を作る仕事をしている人は、海外では評価されずに貧しい暮らしをしている人が多いですが、日本では和菓子職人や和食の料理人は皆から一目置かれています。あるいは生産者や職人でなくても、歌舞伎や着物の評論を仕事にしている人もいます。好きなことを、ひたすら語っているうちに、収入に結びついたというケースです。僕が見る限り、フランスやイタリアで文化に関わっている人よりも、日本で文化の領域で独立してビジネスをしている人は多いです。

文化に関わる仕事には、人の心・魂に訴える力があります。簡単に言うと、感動を作りやすい。だから、文化に関われば自己実現もしやすいし、幸せに働くこともできます。

もしかすると、日本はもともと生活の中で、自己実現をしやすい文化を持っていたのかもしれません。それが、大企業中心のキャリア観が増長していくにつれて失われただけではないでしょうか？　将来的に、日本は再び生活の中で自己実現を追い求めていくような気がしてなりません。

■あなたのアウトプットは誰かの幸せに貢献しているか？

アウトプットにプライドを持ち、アウトプットを出すまでのプロセスを楽しむカギとなるのが、受け取った相手からの笑顔や喜びです。どんな仕事をしていても、商品やサービスを受け取る人の笑顔や喜びが実感できれば、充実感が生まれます。

自分のアウトプットが他人の幸せに貢献していると知れば、誰だって仕事が楽しくなるはずです。

しかも、アウトプットに価値があれば、利用者から感謝されます。感謝は、社会的な問題を解決すればするほど大きくなります。極端に言えば、飢餓や戦争の問題を解決すれば、世界の何千万人という人たちから感謝されます。当然、自己実現から得られる喜びも大きくなるでしょう。

人から喜ばれ、感謝される仕事をしている人たちは、ますます仕事を楽しむ。そして例外なく幸福な人生を歩む。そんな好循環が生まれるのです。

「楽しんで仕事をしている人」として思い浮かぶ一人に、ヤマハ・モーター・ベンチャーズの西城洋志さんがいます。西城さんはヤマハ発動機から2014年にシリコンバレーへと渡り、翌年には新会社「ヤマハ・モーター・ベンチャーズ・アンド・ラボラトリー・シリコンバレー」を設立。ヤマハが既存としてきた領域とはまったく異なる「第3のヤマハ」を作るという目論見《もくろみ》のもと、現地でチームを作り、ロボットがスーパーバイクを運転するプロジェクトなどを手がけました。

彼は「世界をよりカラフルにしたい」という目標を掲げています。世界にカラフルな価値を増やしていくという野心です。一つの正解を重んじる日本人らしからぬ発想に魅力を感じます。

■自己実現を感じられないなら、選択肢は二つに一つ

大企業に勤務する人たちは、自分たちのアウトプットにどんな意味があるのか、誰にどんな影響を与えているのかを見失いがちです。あまりに仕事が細分化していて、あまりに狭い世界で仕事をしているからです。

僕自身、大企業を訪ねると、ときどき暗い顔をした人に出会います。そんなときは決まって気が重くなります。

「私は企業の中でお客様と直接接しない部署で働いています。だから、自分のアウトプットが社会にどのように影響を与えているか実感できないし、他人から感謝される機会もありません。どうすればいいでしょうか?」

このような質問もしばしば受けます。

今、自分の仕事に自己実現の要素を感じられない人は、仕事の内容を見直す必要があります。アウトプットにプライドが持てず、プロセスを楽しめないような仕事を減らし、もっと価値のある仕事を増やす努力をすべきです。

それでも、どうしても限界があるという人に対して、僕は率直に言います。

「仕事を辞めればいいじゃないですか?」

今の仕事に不満足であれば、辞めて転職でも起業でもすればいいのです。**今の仕事のやり方を変えるか、仕事そのものを変えるか。**選択肢は二つに一つです。

大企業の中で、企業内起業をすることを「イントラプラナーシップ」と言います。「イントラプラナー」とは新規事業のリーダー、社内起業家を指します。

イントラプラナーは、組織に属しながら自らのビジョンをもとに周囲の人たちを巻き込み、イノベーションを起こします。組織のリソースを活かせるという意味で、社内起業だからできるビジネスもあります。

ここで思い浮かぶのは、NTT西日本の中村正敏さんです。中村さんはNTT西日本ビジネスデザイン部に所属しながら、一般社団法人「コトの共創ラボ」の設立に関わり現在も代表を務め、他企業・大学のイベントなどで多くのアドバイザーを行うなど、大企業に勤めながら、幅広い活動をしている一人です。彼は会社で誰もやらないことを仕掛け、チームは各々がやりたいことにチャレンジしていると言います。その動きはNTTのイメージとはまったく違います。

また、代表を務める「コトの共創ラボ」では大手企業、自治体、大学などの異能・異端の実力者を集め、コミュニティを形成し相互支援を行うなど社外のネットワークも幅広く、日々、産学官問わず多くの相談に対応しているようです。

中村さんも沼田さん同様、人と人を繋げて新しい価値を提供する人で、大手企業に所属しながら外にコミュニティやネットワークを作り、そこからイノベーションを生み出していく先駆者といえます。21世紀の働き方の一つかも知れません。

いずれにせよ、不満を抱えながら何も行動しない。それでは何も変わりません。

お金を得ることだけが自己実現ではない

自己実現は、すべてビジネスと直結しているとは限りません。新しい価値を生み出すことができれば、趣味のアートでも、ボランティア活動でも、地域活動でも何でも自己実現できます。

究極的には、お金を得る得ないにかかわらず、世界に価値を提供していく行為はすべて「仕事」だと僕は考えます。提供した価値が受け入れられて、感謝されれば、それは自己実現に繋がる立派な仕事。

ですから、家庭内でも自己実現をする人は存在します。専業主婦と呼ばれる人の中にも、アウトプットを楽しみ、プライドを持って取り組む人は存在します。

■子育てでもチョコレートでも自己実現はできる

僕の知り合いに、新卒で外資系企業に入社した若い女性がいます。彼女は3年ほどで会社を退職し、日本の語学教育を変えたいとの夢を持ち、語学教育の仕組みや学校を作るために活動しています。

彼女が語学教育に関心を持ったのは、自身が英語、スペイン語、中国語に精通するように育てられた経験に基づいています。ご両親の教育方針で、7、8歳の頃、中国人の知り合いに世話してもらって上海の小学校に入学したのが始まりでした。そこで中国語を学び、次はカナダ、高校時代はメキシコ、と2年ごとに現地のスクールで学んだそうです。普通の日本人の親なら思いつかないような教育です。結果的に、彼女は3ヵ国語をマスター。グローバルなマインドセットを身につけるに至りました。

彼女の母親は、子育てを通じて自分の子どもに価値を提供しました。十分立派に自己実現しています。

一方、同じ専業主婦でも、保育園や幼稚園のママ友に振り回されて、自分の時間を不本意に奪われている人がいます。こういう人は、往々にして最初から受け身です。

大学を卒業して順調にキャリアを積んでいるのに、経済的に豊かな男性と結婚をして養ってもらおうとする。結婚が、ラクに生きていくための「保険」のようになっています。

そうやって平日の昼間からお洒落なカフェでランチを楽しみ、子どもには中学受験をさせて「いい大学」に入れようとする。それも本当に子どものためを思ってやっているのかというと、実は自分の見栄のためだったりする。

こういった生き方の、どこに自己実現があるというのでしょう?

僕は、専業主婦を肯定も否定もしません。ただ、魅力を感じるのは自己実現をしている人です。

もう一例を挙げましょう。僕のある友人は、チョコレートが好きで、チョコレートについて様々な勉強をしています。チョコレートの楽しみ方を日本中に広げたいというビジョンを持ち、テイスティングのセミナーを依頼されるまでになっています。いずれその活動がビジネスとして成立するかもしれません。

しかし、仮にお金にならなくても、自分がやりたいことをして、それに対してポジティブな反応をしてくれる人たちがいるならば、十分自己実現しているのです。

消費者は何にお金を投じるようになるか？

物やサービス、場所などを多くの人と貸し借りしたり共有したりして利用する仕組みを「シェアリング・エコノミー」と言います。すでに自動車を会社や個人で共有するカーシェアリングなどがおなじみです。

他にもSNSを通じて、個人同士を繋ぐ様々なシェアリング・サービスが登場しています。代表的な事例が、先述したエアビーアンドビー。自宅などを貸すことで経済的なメリットが得られ、なおかつ他人に喜んでもらえます。

つまり、シェアリング・エコノミーの進展は、経済的な営みと社会貢献を再び結びつけようとする流れと言えます。

政府公認でシェアリング・エコノミーを広げる活動をしている石山アンジュさんという方がいます。彼女は現在、一般社団法人シェアリングエコノミー協会事務局渉外部長の立場で、政府に対し業界団体の提言をまとめたり、総務省のアドバイザーや厚生労働省委員として議論したりと、シェアリング・エコノミーの法整備化に向け、国と民間のパイプ役になっています。

その石山さんも、「シェアリング・エコノミーがもたらす最大の価値は、孤独からの解放だと思っています。単なる消費行動ではなく、誰かと分かち合う幸せを感じられるインフラです」と語っています。

■社会貢献とビジネスが結びつく時代に

社会を見渡すと、他にもこうした社会起業的なビジネスが成功し始めています。

谷家《たにや》衛さんという方がいます。日本で初めてとなる独立系オンライン生命保険会社であるライフネット生命を立ち上げた人物です。彼は、2013年に「お金のデザイン」という企業を立ち上げ、国際分散投資と呼ばれる資産運用手法を提供しています。これは、投資先を世界規模で分散させ、リスクの分散と収益の安定化を狙うものです。

彼らは、最新の金融工学とインターネットテクノロジーで金融の仕組みを民主化するというビジョンを語っています。スマホで1万円から始められるサービスを提供し、投資を富裕層のものだけでなく、皆のものにしようとしているのです。

もう一つ谷家さんが関わっているビジネスをご紹介しましょう。軽井沢に作られた私立学校、ユナイテッド・ワールド・カレッジＩＳＡＫジャパンです。この学校は、アジアをはじめとする世界各国から生徒を募集し、国際的な大学入学資格である国際バカロレアを取得するための全寮制の高校です。

富裕層から学費を得て生徒を受け入れるだけでなく、お金のない子どもたちにも手厚い奨学金制度を準備して学びの機会を与えているのが大きな特徴です。


今後、消費者が社会貢献に繋がるビジネスに共感し、お金を投じる傾向はますます強くなるでしょう。

アフリカなどの途上国でも、同様のビジネスはたくさん生まれています。

その一つが、M-PESA（エムペサ）というサービス。エムペサとは、スワヒリ語で「お金」という意味の言葉。一言でいえば、携帯電話で送金から出金・支払もできるモバイルマネーサービスです。すでに、ケニアでは公共料金や教育費などの支払い、給料の受け取りに至るまでエムペサによるお金のやりとりが普及しています。

サービスを運営しているのは、Safaricom（サファリコム）というケニアの携帯会社と、ケニアの大手銀行の一つであるCommercial Bank of Africa（CBA）。２００５年にケニアのナイロビ郊外でのパイロットテストがスタートし、２００７年から送金サービスが開始されました。

ケニアでは、もともと銀行口座を持たない人が多く、当然クレジットカードを持たない人がほとんどでした。しかし、エムペサが普及したことで、携帯電話がクレジットカードの代わりとなりました。

また、都市部に出稼ぎに来た労働者が、農村部に住む家族に、手軽に確実に送金できるようになったことからも、エムペサが果たした役割は大きかったと言われます。

さらに、これまでお金を借りるには銀行口座を開設し、銀行からお金を借りるという手段しかありませんでしたが、エムペサはマイクロレンディング手段としても活用されるようになりました。マイクロレンディングとは、個人間の少額な貸し借りです。これによって、貧しい人たちもお互いにお金を回してサポートしあえるようになったのです。

新しいビジネスを考えるにあたっては、こうした社会起業的な側面を無視することはできません。自分のビジネスと社会貢献に繋がりを意識すること。そこから新しい価値が生み出されるのです。

働かなくていい世界になったら、何が「成功」になるのか？

歴史を振り返ると、昔、成功の度合いは「持っている資産」に比例していました。端的に言えば、どれだけお金を持っているか、広い家に住んでいるか、です。

日本でもヨーロッパでも、地域の支配者はお城に住み、たくさんのスタッフを抱えていました。資産を奪われては困るので、お城は厚い壁とたくさんの兵で守られています。多少文化の違いはあるものの、男性の場合は、複数の妻を持つことも地位の高さを表していました。

歴史がだんだん進んでくると、民主化が進んでミドルクラスが誕生し、必ずしも権力と結びつかない富裕層が広がってきました。お城ではなくて大きな家に住み、１００人のお手伝いさんではなくて１人のお手伝いさんを抱えるような富裕層です。

では、富裕層＝成功と言っていいのか。

僕の認識は違います。**今の時代の成功とは、持続的に成長していることに加えて、「選択肢があるかどうか」**です。

今のところ選択肢の多さは、時間とお金に比例しています。お金を豊富に持って、そのお金で時間を作る。結果として、選択肢を増やすことができ、やりたいことに注力できます。

でも、この先ずっとこの状態が続くとは思えない。なぜかというと、時間とお金の必要度が大きく変わり始めているからです。新しい事業を起こすとき、ちゃんとしたビジョンやパッションがあれば、仲間も技術も、資源すら集まってくることが起きています。そうすると、お金がないからできない、時間が足りないという課題さえ周りが解決してくれて、人の輪が選択肢を生み出してくれるのです。

最悪の事態を想定すれば、日本でも将来戦争が起こるかもしれません。いざ戦争が起きたら、成功の定義は「生き残ること」に変わります。最悪の事態を想定しておくのは大切です。

それとは別に、僕は現実的な想定もしています。経済が発展して、ベーシックインカムのような制度が導入された将来です。誰でも働かずにお金や食べ物が手に入って、住まいが確保される。そのとき、お金は成功の指標から外れるはずです。

では、働かなくてもいい時代の成功とは何か。シミュレーションしてみてください。どうでしょう？　僕が考える成功者は、次のような人です。

「大きな問題を解決できる人」
「コミュニティを作れる人」
「社会貢献をしている人」
「フォロワーが多い人」

すでにこのタイプの成功者は、世の中に登場し始めています。

テスラ・モーターズのイーロン・マスクは、人類を火星に移住させる壮大なビジョンを描いています。そのせいでよく批判されています。なぜ、地球上の問題を解決しようとせず、火星に行こうとしているのか、と。

でも、大局的に見れば、彼の考えのほうが現実的ではないでしょうか。

彼はもともと地球の環境問題を解決するために、電気自動車の普及を手がけてきました。一方で、地球が滅びる可能性も視野に入れています。地球が滅びるとしても、人類は火星で生き残る方法がある。このように、まだ見えていない課題を先読みし、解決しようとしています。

正しいことをしている人は、お金を求めて動くわけではない。皆から支持されるので結果的にお金が集まってくるだけ。だから、お金が儲かるかどうかは無関係です。

多くの人たちから正しいと支持されれば、それが正しい道となります。自分の時間を使って正しい道に集中している人、そこで圧倒的なインパクトを生み出せる人こそが、これからの成功者です。

■「もらう価値」より「もたらす価値」を大きくする

人は社会的な存在です。誰しも「他人からもらう価値」と「自分がもたらす価値」のバランスの中で生きています。

多くの人は、もたらす価値よりもらう価値を大きくするのに熱心です。たとえば、大手企業で簡単な仕事をして平均をはるかに上回る給料をもらっている人がいたら、本人も「おいしい」と思うし、皆も羨ましく感じる。

特に組織が大きくなると、一人の仕事がどれだけの価値をもたらしているかが見えにくくなるので、隠れてラクをする人が多くなります。

でも、成功している人は、自分がもらう価値よりも圧倒的に多くの価値をもたらしています。僕は、大手企業でおいしい給料をもらって、価値をもたらしていない人を成功者だとは思いません。彼らは成功者どころか、時間泥棒であり、給料泥棒です。

僕自身、もらう価値よりも与える価値を大きくしたいと常に願っています。こうやって本を書いて出版するのも一つの手段です。多くの人が本を読んで、勇気を持ってくれたら本当に嬉しい。会社を変えようと動いたり、独立しようと決断してくれたら、大きな価値があります。

たった一冊の本が、一人の人間の人生を大きく変えることがあります。この本を今手に取っているあなたも、これがきっかけで転職したり、独立を決断するかもしれません。そう考えると、本を書くことは、お金を儲ける以上に、人生に貢献する可能性を広げる手段です。だから、あなたがこの本を読んで、勇気を持ってくれたら本当に嬉しいです。

第 2 章

つねに学び、
自分を
アップデートする

学び続ける人しかチャンスをつかめない

先日、都内のあるお店で、友人たちと会食する機会がありました。食事の場では、日本人の好奇心について、ちょっとした議論をしていました。ちょうど僕が「世界的に見て日本人の好奇心は低い」という記事を読んで、関心を持っていたのです。記事には、日本人は新しいことを学ぶ意欲が低いとの研究結果が出ていました。

友人たちと「日本人は新しい学びに消極的なのか。だとすると、なぜなのか」について意見交換していたら、ちょうどワインをサーブする女性店員さんがやってきました。

彼女は、見たところ10代と思われるアルバイト。アイドルのようなルックスでありながら、サービスがしっかりしていて、なんとなく積極的な印象を受けました。そこで、彼女を引き留めて質問しようと思いついたのです。

「あの、すみません。一つお聞きしたいんですが、あなたは新しいことを学ぶのが好きですか?」

■起業しながら学ぶためアルバイトをする10代に聞いてみた

そこから、事態は思わぬ方向へと展開しました。僕たちは、そこから彼女の40分近くにもわたる「講義」を聞くことになったのです。

まず、彼女は「私は学ぶことが大好きです」と言い、なぜ学ぶことが好きなのか、何を学んでいるかについてとうとうと語り始めました。

彼女は翻訳を生業とする両親を持ち、10代にしてカナダとアメリカに留学経験があり、英語は堪能。あえて日本の大学には進学せず、自らビジネスを始める選択をし、現在は台湾や中国の友人たちとともに、日本の化粧品を台湾や中国に輸入するビジネスを手がけていると言います。

「自分でビジネスもしているのに、なぜこの店でわざわざアルバイトをしているのですか?」

当然の疑問を口にしたところ、次のような答えが返ってきました。

「このレストランを運営している会社が大好きで、今は週に一度だけですが、もう3年も働いているんです」

彼女によると、アルバイトは収入目的というより、学びのために続けていると言います。レストランでは、いろいろなお客さんと話ができます。特に10代の女性として、日常生活ではなかなか出会うことのない40～50代の男性たちと意見交換をしたり、彼らが何を考えているのかを知ったりするのは重要な機会です。実際、お客さんとの会話がビジネスに繋がることもあるそうです。

また、レストラン経営の一端に触れることで、ビジネスの仕組みを学ぶ機会にもなっている、と語ってくれました。

こうした若者の姿を目の当たりにして、日本にも好奇心を持って学んでいる人たちがいるのを知りました。同時に、これから彼女はいろいろ失敗しながら成長して、きっとビジネスを大きく成功させると確信したのです。

日本では、フリーターや派遣社員など、非正規雇用者の社会的地位が低いのが現状です。でも、非正規雇用者の中にも具体的な目標を持って生き生きと働いている人がいます。そんな人たちは、何の学びもないまま正社員として働いている人たちよりも輝いて見えます。

時間的な自由を活用して、趣味の世界をきわめて、職業にしていく人もいます。また、非正規雇用の仕事を学びの手段として位置づける人たちもいます。

正社員は上で、アルバイトは下という序列には何の意味もありません。学ぶ人は、どんな環境であっても学びます。あらゆる機会を学びに繋げているのです。

アフターファイブに勉強するより、仕事に学びを絡めよう

これからは学びにお金を投資する人が確実に増えます。僕自身は、あえてMBAなどを取得する必要は感じていません。けれども、自分のスキルや生産性を高めるための日常的な学びは必須です。

仕事の中に、もっと「学び」の要素を取り込むといいです。自分の仕事を、インパクトと学びの高低でマトリクスにしてみましょう。「インパクトが高く、学びも多い仕事」「インパクトが高く、学びが少ない仕事」「インパクトが低く、学びが多い仕事」「インパクトが低く、学びも少ない仕事」に分類されますね。

因みにインパクトが高いとは、同じ時間で生み出す価値が多いこと。日本のことわざでいえば「一石二鳥」に近いイメージです。

たとえば取材を受けるときに、スタッフが僕の話を議事録に起こしておけば、フェイス

自分の仕事を仕分けてみよう

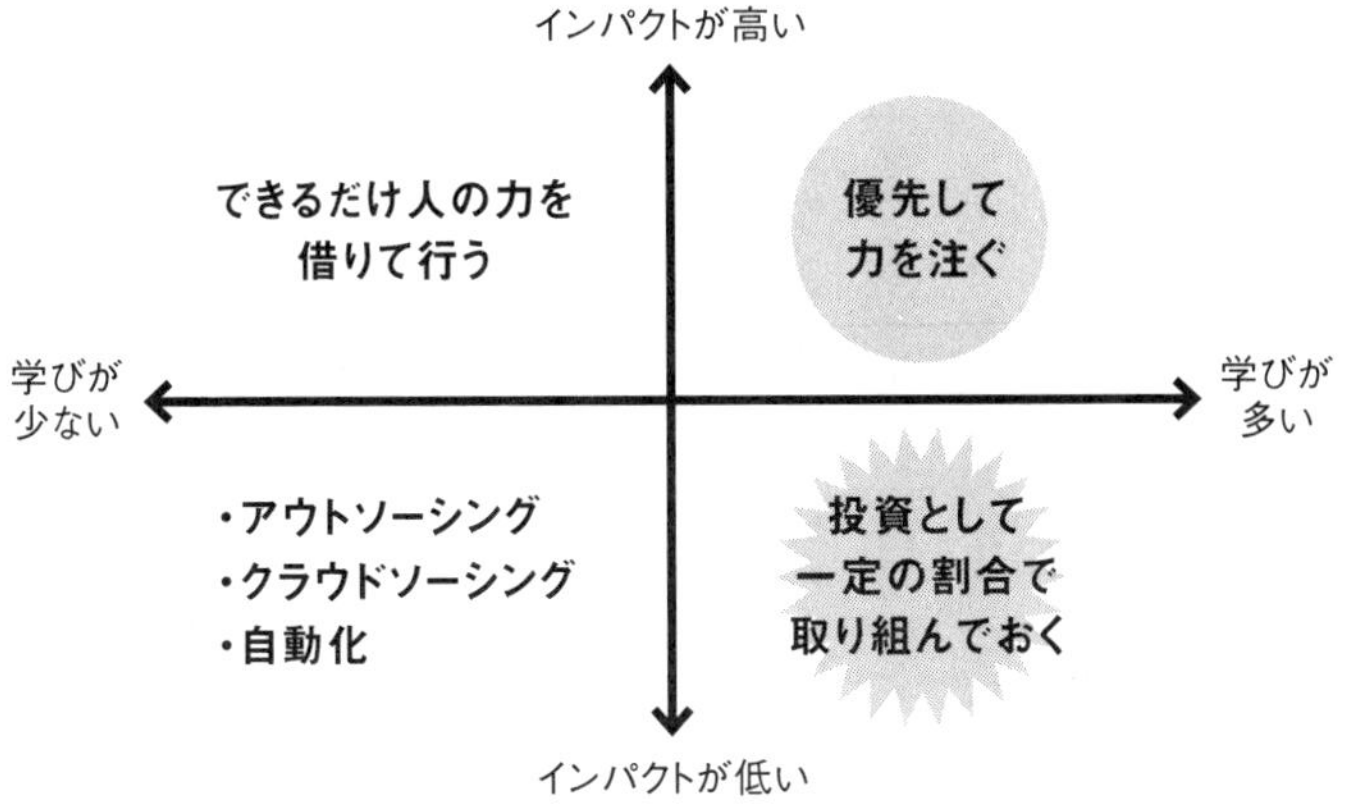

ブックやブログの下書きとして使えます。あるいは取材中の音声を録っておけばポッドキャストに、動画を撮っておけばユーチューブにアップできるかもしれません（相手の許可を取るのが前提ですが）。イベントはフェイスブックライブで配信すれば、より多くの人にメッセージを訴求できます。

どんな仕事をするにせよ、こうやって、常にインパクトを高めることを意識すべきです。

■インパクトが高く学びも多い仕事が最優先

まず、当然ながら「インパクトが高く、学びも多い仕事」に注力します。

「インパクトが低く、学びも少ない仕事」は、ますますアウトソーシング、クラウドソーシング、自動化が加速するはず。地方在住の人や海外在住の人の力を借りる、あるいはテクノロジーを活用して仕事を代替してもらうケースが増えていくのは間違いありません。「インパクトが高く、学びが少ない仕事」というのは、先述した僕の取材の例のような仕事です。できるだけ自分以外の人の力を借りることを考えるべきです。

「インパクトが低く、学びが多い仕事」は、投資として行う余地があります。僕の場合、自分の仕事の3～4割はマネタイズして、6～7割は近い将来の土台を作るための投資にあてるのが理想的な配分です。投資とは、流行を察知するための学びはもちろん、スタートアップに関わること、メディアの取材を受けることなど様々です。この「インパクトが低く、学びが多い仕事」に一定の割合で取り組んでおくことで、それを新しいコアコンピテンシーにまで高めていくのです。

■インパクトが低い「語学」を僕がする理由

僕にとって語学はずっと学びの主要なテーマでした。今でも数ヵ国語を同時に勉強しています。

では、なぜたくさんの言語を学んでいるのか。単純に言えば、言葉を通じて人と仲良くなりたいからです。さらに、自分の市場価値を高めるためです。

語学はほんの少しだけでも学ぶ価値はあります。たとえば、あなたがアメリカのお店に行ったときに、「こんにちは」と片言の日本語で言われたら安心しますよね？　同様に、あなたがつたない英語であっても頑張って会話をすれば、相手と信頼構築ができる。それが語学の効果なのです。

だから、僕はいろんな言葉を学んで、できるだけネイティブスピーカーに会って口にしています。もうクセのようなものです。

もちろん、学んだ言葉がビジネスレベルにまで達すれば、信頼度はもっと高まります。日本では、外国人が賃貸物件を借りるときにハードルを感じる人が多くいます。外国人というだけで断られてしまうケースも多々あります。

でも、日本語を話せるだけで扱いは大きく違います。僕自身、契約を断られた経験はありません。それどころか、今では僕がマンションの理事長を務めています！　理事会に呼ばれて参加したら、なぜか僕が理事長をやるという話が決まっていました。考えてみると、外国人が理事長をやっているマンションなんてそうそうない。面白そうだと思って、引き受けてしまいました。やはり、日本語ができればそれだけ信用されるわけです。

だから、世界で活躍したい人は、やっぱり語学力が必要です。

「自動翻訳ができれば、語学のスキルはムダになるんじゃ？」という意見もあり、スキルだけを見ればそれも一理あります。でも、語学を学ぶということは、その言葉が使われている所の文化や歴史を学ぶことでもあり、語学ができるとまったく違う世界が見えてきます。たとえば僕は刺身が大好きです。「お造り」「刺身のツマ」「たたき」といった言葉を日本に来てから覚えました。

でも、母国語であるポーランド語では、刺身を指す言葉があるのかどうかも知りません。つまり、母国語でも翻訳できないような言葉を知れば知るほど、まったく未知の世界を学ぶことができます。それは、新しい自分を構築しているような刺激的な行為です。だから、ぜひ語学にチャレンジして欲しいです。

■言語はアプリで学び、人と直接話す

勉強のツールは様々ですが、ネットはますます重要になっています。特にプログラミン

グのほとんどは、ネットで学ぶことができます。学習アプリはすさまじい勢いで増えています。

僕も、語学学習ではたくさんのアプリを使っています。今は、母国語を使わないまま、ビジュアル中心に外国語を学べるアプリがたくさんあります。僕自身も整理しきれないくらいですが、ぜひ自分に合ったものを探して使ってみてください。

たとえば、中国語の学習にはPleco Chinese Dictionary。中国語には、四声という高低のアクセントがありますが、これが色で区別されています。北京語、広東語の発音の区別、中国と台湾の漢字表記の区別も学べます。

busuu、Duolingoといったアプリも愛用しています。世界のラジオを聴けるアプリもあるので、学びたい言語に設定して聴くこともよくあります。

グーグル翻訳も頻繁に使っています。翻訳したいテキストをそのままペーストして、翻訳した言葉を音声で聴きます。音声をそのまま繰り返し発声するだけでも良い勉強になります。グーグル翻訳を使っていると、自分が興味のある分野の記事に、どんな単語が頻出するのか、傾向がよくわかります。

もう一つの学びのツールは、直接人と接することです。

僕が語学を学ぶときには、いつもネイティブスピーカーと接しながら身につけてきました。もちろん、語彙を増やすために辞書を調べて覚えることもありますし、基礎的な文法は参考書を見て学ぶこともあります。が、一定のレベルに達したら、あとはネイティブと話しながら身につけていくのが一番。

会話のセンテンスの作り方や、相づちの仕方などは、言語によって異なります。ですから、会話を通じて学ぶのが最もわかりやすいのです。

その道のプロに会うためにお金を使うのが、自分がプロになる近道

僕の周りの成功者にはお金に無頓着な人が多いです。ミニマリストもたくさんいます。ベンチャー企業の社長として成功し、豪華な家に住み、高級車を乗り回し、豪勢な食事を楽しみ……というイメージとは、たぶん最もかけ離れた人たちです。

僕も、どちらかといえば質素な暮らしが性に合っています。毎日着る黒い服（147ページ）も、「黒だから」という理由で買います。ブランドや価格はほとんど気にしません。

ある日、昼食時に時間がなかったので、コンビニでおにぎりと缶コーヒーを買い、適当なベンチに座って済ませることにしました。すると同行していた仕事相手が僕に向かって言いました。

「ピョートルさんは、豪華なレストランでしか食事をしない人だと思っていました」

いったい、僕をどんな目で見ていたのでしょう（笑）。僕自身は、とても貧しい環境で育ったので、質素な食事に抵抗がありません。アジアの国を旅行するときも、たまたま目についた屋台のような環境で食事をするのが大好き。むしろ気が楽というのが本音です。

ただ、よく考えると、学びには人一倍お金を投資してきました。この人と会うと面白い、学びになると思ったら、できるだけ一緒に食事をして時間を過ごしてきました。

夜は毎晩のように〝飲みニケーション〟をしているので、結構なお金を使っているかもしれません。学びの場としては、飲み会以上のものはありません。セミナーや研修など、改まった学びの場も重要。ですが、学ぼうとする相手とぜひ一緒に食事をする機会を持ちましょう。

ビジネスを学びたいなら、実際にビジネスで成功している人に接する機会を作るべき。僕自身、起業家と頻繁に会い、彼らの手法から必死に学んでいます。**その道のプロから学んで実践していく。これが、最も効率的な勉強法なのです。**

■成功者に会えたらとにかく質問をしまくる

人から学ぶときには、インタビューに近い会話をします。要するにたくさん質問するのです。ビジネスを始めたきっかけ、子どもの頃の経験、若い頃の経験、価値観、信念、ミッション、挫折……。いろいろな角度から質問をして、掘り下げていきます。

先日も、ある経営者の集まりで、たまたま隣に座った株式会社ファンゴーの社長、関俊一郎さんにたくさん話を聞きました。彼は、東京・三宿で22年続くファンゴーというサンドイッチ専門店の他、青山や横浜などにあるグラニー・スミスというアップルパイのお店や恵比寿のクロスロード・ベーカリーなど、とても人気のあるお店を出しています。

アメリカの大学を卒業後、日本に戻って働いていたとき、「公園の近くでペットの犬と一緒においしいサンドイッチが食べられる店が欲しい」と思い立ち、自分で店を作ったといいます。

念頭にあったのは、アメリカ在住時代にペットと入れるカフェが多かったこと。業界の常識を持たず、海外経験とコンサルティング会社で身につけた知識をもとに、店を作ったのです。他業界から入ったからこそ、他のレストランの動向を気にせず、自分が行きたい店、食べたい物を作ることに力を入れられている、との話に納得しました。

多くの成功者と接して、見えてきた共通点があります。それは、皆謙虚ということです。

一例を挙げれば、建築家の隈研吾さん。新国立競技場をはじめとして、様々な建築のデザインを手がけた第一人者としてご存じの方も多いのではないでしょうか。

僕が、「隈先生は、なぜ成功されたと思いますか？」と尋ねたところ、次のような答えが返ってきました。

「いや、僕はまったく成功なんてしたことはありません。むしろ失敗続きです。この間作った建物は、図面を何度も間違えたし、そんなことばっかりです」

続けて彼はこうも言いました。

「結局、建物ができても自分では満足できないんです。だからこそ、自分にはまだ頑張る余地があるのかもしれないですね」

顔を見れば、謙遜で言っているのではないのは明らかです。隈先生は、本当に自分は失敗続きだと思っていて、だから頑張ろうと考えている。その謙虚な姿勢に感動しました。

■成功者と接するほど、自分が成功する確率も高まる

「誰と接するか」は、成長できるかどうかを大きく左右します。研究によると、周りに太った体型の人がいると、自分もいつの間にか太ってしまう傾向があるそうです。

それと同じ理屈で、日頃から成功者と接していると、自分が成功する確率も高くなります。

ですから、成功者と会うチャンスをもっと大切にしてほしいのです。**成功者と会ったときには、その人の価値観や、これまでの人生の歩み、成功した理由（その自分なりの解釈）、成功しそうで失敗した理由などをとにかく聞く。**これが基本中の基本です。

人は、自分について聞かれるのが好きな生き物です。好奇心を持っていろいろと尋ねてくれる人に対しては、肯定的な反応をするものです。ですから、たくさん質問をすると意外に喜んでもらえます。時には、「改めて自分を振り返る機会になった。ありがとう」と感謝されることもあります。

重要なのは、とにかく成功者に会うチャンスを逃さないこと。機会を逃したら、二度と

チャンスは来ません。一方で、チャンスをつかめば学びの効果は計り知れません。

たとえば、僕はある経営者の方と親しくお付き合いさせてもらっています。

彼との出会いは、たまたま知人から「○○さんと、ご飯食べるけど、一緒に来ない？」と誘われたのがきっかけ。「是非！」と答えかけて場所を聞くと、なんとその食事会が行われるのは香港だといいます。

幸運にも、そのとき僕は1週間の夏期休暇を予定していました。本当はフィリピンでダイビングをする予定だったのですが、すぐにキャンセルして香港行きのチケットを手配。結果として、香港では予想以上の素晴らしい時間を過ごしました。そこで得た学びを考えれば、香港への旅費などは、実に些細な出費です。

あなたは「そんなに簡単に成功者に会えるはずがない」と思いますか？

しかし、現実に出会いのチャンスは多々あります。僕は「東京は狭い。業界は狭い」と実感しています。

どの業界にも同業者が集まるイベントがあり、特に都内では日常的にチャンスがあふれています。そういった場に出向けば、簡単にその分野のトップレベルの人と会えます。あるいは人を介して簡単に繋がることができます。家から遠くて交通費がかかったとしても、仕事を一日休んだとしても、参加する意味はあります。

ちょっとした縁を大事にしていると、さらに大きな縁に恵まれます。

ただし、人から学ぶ際にはちょっとしたマナーがあります。

・自分と会うことが相手の学びになるように努力すること
・学んだ情報を一人で抱えずにシェアすること
・自分からも人を紹介すること

僕は、紹介した人同士が新しいビジネスを作り上げるのを見るのが大好きです。周囲に出会いのチャンスを提供していれば、自分も出会いのチャンスに恵まれるようになります。

人に会うときは、相手の学びになるよう頭を使う

せっかくなので、相手の学びにどう貢献できるかを掘り下げてみましょう。

たとえば、誰かから「ピョートル、ちょっと会って話したいことがあるんだけど……」と言われたら、**会う前にまず、何を話したいのかを聞きます。**

ただ会って近況を話したいだけなら、2週間後でもいいかもしれない。ランチでも話せる内容かもしれない。でも、切羽詰まった悩み相談なら、緊急度が高くなります。近日中に、夜、十分な時間を取ろうと考えます。緊急度と話す内容がわかれば、どのように応じればよいかがわかります。

次に、**直接会うまでにできるだけ相談を終わらせる**ことを目指します。

ここではコーチングの手法をよく使います。相手に自分で考えさせて、結果を持ってく

るように導くのです。会ったあと、相手がどんな状況で家に帰れば価値があるのかを想像する。僕が好きな「先読み」をするわけです。

転職の悩みで相談したいのなら、「どんな転職をしたいですか？」「同じ業界に転職を考えてる？　まったく別の業界？」「どんな仕事をしたいですか？」などと質問をする。

「まだ決まってないけど、漠然と転職を考えています」と返ってきたら、「じゃあ、それを次回話し合いましょう」と提案する。

すると、相手は僕と会うまでに具体的な行動を始めます。ウェブサイトを見たり、友だちから話を聞いたりして、転職について自分の想いを固めてくるわけです。

結果的に、僕と会った時点で、状況が進展しているケースがよくあります。

「ピョートル、ありがとう。先週言われていろいろ考えたんだけど、実はもう転職活動を始めて、おととい面接を受けてきたんだ」

「A社とB社の面接を受けたんだけど、どっちがいいと思う？」

などと、次の段階の話ができます。

あるいは、実は転職したくなかったとの結論が出ているかもしれません。

「いろいろ考えたけど、今の仕事を頑張りたいという気持ちがある」

そう言われたら、「じゃあ、今の仕事で何に悩んでいる？」「リーダーとはうまくいっている？」などと、本当の課題について話を進めます。

だから、「ピョートルと会ったらすっきりした」とよく言われます。狙ってすっきりさせているのだから、実は当然なのですが。

■気持ちを落ち着かせるほうが先決なとき

相手が悩んで自分を見失っているときは、とにかく落ち着かせることが先決。相手のストレス度合いが強すぎて、とても建設的な判断ができそうにないときがよくあります。そんな状況で結論を出しても、必ず後悔します。

相手を客観的に見れば、今問題を解決するよりも、気持ちを落ち着かせるほうがいいと気づけます。たとえば、賑やかなカフェで話し合うのをいったんやめ、静かで落ち着いたところに場所を移す。そういった判断が必要です。

■「楽しくない会話」になるのを恐れない

僕がある人の相談を受けたとき、率直に「もっと、あなたにしかできないことをして欲しい」とアドバイスをしたことがあります。ちょっと厳しい言い方になったかもしれません。

帰り際、その人からこう言われました。

「今日はピョートルさんともっと楽しい話がしたかったんです」

その人は、僕に優しくして欲しかったのかもしれない。ただ肯定して欲しかったのかもしれない。うすうすそうなんだろうな、とも気づいていました。

でも、相手の希望通りに会話をしたら、まったく結果に繋がりません。悩み相談を受けるとき、〝相手が欲しい答え〟と〝必要な答え〟は異なることがあります。だから、楽しい会話より、深い会話をしました。その日は楽しくなくても、あとで僕と会ったことが役立ったと思ってもらえればいいわけです。

難しい選択肢、難しい決断は、簡単な人生に繋がります。

逆に簡単な選択肢、簡単な決意は、難しい人生に繋がります。

キツい選択をしないと、あとでラクにならない。キツい選択をすれば人生がラクになる。そう信じているので、迷ったときは厳しい選択をすると決めています。だから相手にも厳しい選択肢を選んでもらいたい。そう考えて相手にアドバイスをしています。

この3つを学べば、ハイレベルな会話に入れてもらえる

新しい分野について学ぶときは、**「サイクル」「トレンド」「パターン」**を意識してください。

ファッションを例に考えてみましょう。

ファッションには流行のサイクルがあります。今は90年代と似たようなファッションが流行っています。その前には80年代のテイストがもてはやされ、70年代に似たファッションが流行っていた時期もありました。

過去の一定の時期に光が当たり、それを繰り返しながら進化する。この繰り返しが「サイクル」です。

そのサイクルの中で、そのときに流行っているものが「トレンド」です。今多くの人が興味を持っている対象、多く言及される対象こそがトレンドです。このトレンドを常にチ

ェックしておかなければなりません。

パターンとは、ビジネスモデルとも言い換えられます。職人が着物を作って、それが着物問屋を通じて呉服店で売られる、という一つのビジネスモデルがあります。あるいはユニクロのように、低価格品をアジアの工場で大量生産して小売りする製造小売業というビジネスモデルもありますね。

■まともな質問ができると、信頼関係が構築できる

僕がよくやっているのは、知らない分野の人と会うときに、好奇心を持ってその分野の「サイクル」「トレンド」「パターン」を学ぶことです。この3つをある程度知っていれば、人間関係を構築して仕事がやりやすくなってきます。

たとえば、ファッションデザイナーはどんなふうに仕事をしているのか。日常をどのように暮らし、何を価値にしているのか、どんな人を相手に営業をしているのか、といったことを徹底的に学んでおく。

着物のデザイナーと、スーツをデザインする人は、まったく別の発想で仕事をしているかもしれません。流通業界で仕事をしている人と、小売店で仕事をしている人が見ている

世界も全然別です。それらを知っておけば、次にアパレル業界の人と会うときに、まともな質問ができるようになります。そうすると信頼関係が構築できます。

もちろん、プロと同じレベルで会話できるわけではありません。ただ、一流の人たちはハイレベルな話しかしません。**面白いのは、プロの人たちのハイレベルな話です。**素人でもきちんと勉強していれば、プロから一目おかれて、ハイレベルな会話に参加させてもらえます。

ピョートル流・情報収集術

僕の情報収集について、少し紹介します。

まず**グーグルアラート**を活用して、重要なキーワード――「イノベーション」「エアビーアンドビー」「テスラ」「グーグル」「アップル」など――に関連する最新情報が毎朝メールで通知されるように設定しています。

日本語と英語の両方でチェックしていますが、ハッキリ言って日本の記事は遅れています。海外の記事を見て日本の記者が記事を書いているのだから当たり前です。

だから日本に特化した情報は日本語でアラートにしてもいいですが、世界的なニュースを知りたいなら英語で読んだほうがいいです。

また、**グーグルトレンド**を見て、そのとき人々の関心が高いニュースもチェックしています。ニューズピックスなどのニュースサイトも見ますが、どのサイトにもバイアスがあります。「今知らないとダメ」なニュースではなく、発信元が「知らせたい」ニュースを読んでいる可能性があります。なので、純粋に最も関心を持たれているニュースを知っておくのです。

今、情報を主にフェイスブックやネットニュースで得る人が多いです。でもそれだとどうしても偏りが多く、また浅い情報ばかり。結局、時間をムダにしています。これまでお会いした、本当に成功している人たちはフェイスブックはあまりやっていません。

■人を介して情報を深める

ネットで情報を得て終わりではありません。気になった情報は、詳しそうな人を見つけて、「○○さん、これってどう思いますか?」「××について詳しく教えてください」などと積極的に聞きます。

特に流行のテーマは、とにかく「詳しい人」を見つけて聞くのが一番。人を介すれば情報が立体的になります。情報をもとに、精通した人を求めて展示会や学会に行く。そうすると、認識していたものとはまったく違う見解になったりします。

一対一の場を設定して、講義のように教えてもらうケースもあれば、あえて2～3人の場をセッティングしてディスカッションをするのもアリです。

一つのテーマについて、分野が異なる人たちとディスカッションをすることで、多面的にテーマを解釈できます。別々のルートから山頂を目指すようなイメージでしょうか。こういったディスカッションから、新たな発想が生まれてくるのです。

僕が誰かに頼まれて情報を教えた場合、その情報で満足している人もいれば、そこから広げて他の人に話を聞きに行く人もいます。その後を見ていると、後者のほうが次のステップに行くスピードは圧倒的に速い。そうした人たちを見ているので、自分でも人を介した情報の重要性を痛感しているところです。

異なる業界の人に聞く以外に、属性が異なる人に聞く方法もあります。たとえば、「働き方」について、20代女性と20代男性では別の見解を持っているかもしれません。だから、様々な人に会って聞き続けます。

逆に、人からネットへとさかのぼるパターンもよく使います。人から面白そうな話を聞いたら、ネットで検索して自分なりに分析してみるのです。

たとえば「働き方」に関しては、ＯＥＣＤ（経済協力開発機構）のサイトから、様々なデータを参照できます。海外の記事と日本の記事を比較するのも有効ですし、ケーススタディの材料も豊富です。

一方、紙の雑誌は、「働き方改革」「中国」など、気になる特集を見つけたら積極的に購入して読みます。基本的に特集ありきで読みますが、それ以外のページにも一通り目を通します。知り合いがインタビューを受けているのを目にしたり、思いもよらない有益な情報を発見したりすることもあります。

■得た情報は「自分化」して、翌日すぐに活かす

手に入れた情報は常にストックしています。手書きでメモをすることも、**グーグルキープ**にメモすることもあります。グーグルキープには音声や写真も記録できます。たとえば雑誌を読んでいて参考になりそうな記事は、すかさず撮影しておきます。

メモをした内容は、空き時間などに見直します。そして、**「なぜ、この記事に心を動かされたのか」「自分の考えや理論とどう関係があるのか」を考えます。**この作業を「自分化」と呼んでいます。

グーグルキープに記録した情報は、一日の終わりに見直すこともあります。今日はどん

な情報を得て、何を学んだのかを振り返る時間を持つのです。

翌朝、グーグルキープに今日一日のＴｏ Ｄｏをリストアップします。Ｔｏ Ｄｏは重要度別に色分けしています。**グーグルカレンダー**（スケジュール）とＴｏ Ｄｏを見比べながら、今日は何をするのかを確認したり、今日は何が起こるのかを予測したりします。たとえば、雑誌の取材が予定されていれば、どんなことを聞かれるのかを予測して、話す内容をイメージしておく、といった具合です。

メモした情報とＴｏ Ｄｏとは、密接にリンクしています。前日の学びは、翌日の行動に確実に影響を与えます。

人と話をしていると「これって昨日◯◯さんから聞いたばかりの話だ」と思う瞬間が多々あります。前日に聞いた話が、翌日のミーティングのヒントになるわけです。

それは、少しスピリチュアルに表現すれば「神のお告げ」です。少し科学的に言えば「セレンディピティ」です。持続的に学んでいると、当たり前のように起こることです。

毎年「テーマ」を決めて脱皮する

僕には、「今をしっかりやれば未来が変わる」という信念があります。今やるべきことを決めたら、中途半端に取り組まず、120％の力を注ぐべき。その結果、道が開けたという経験を何度もしたからこそ、強く実感しています。

5年後の将来計画も立てていません。その代わり、今年1年のテーマを設定して、それに注力しています。毎年「脱皮」を繰り返して、少しずつ、でも着実に成長していくイメージです。

具体的に言うと、2016年は独立して間もなかったので、「ビジネスの収益化」が主要なテーマでした。そもそも自分のビジネスが回らなければ、何のチャレンジもできません。土台作りの1年と位置づけて取り組みました。結果的に、現在は3割の時間を収益に繋がるビジネスにあて、残りの7割の時間は必ずしも収益に繋がらないプロジェクトにあてられるようになりました。

2017年のテーマには「ブランディング」を掲げました。自分のブランドを高める活動を重視したのです。もう一つのテーマが、「ビジネスのプラットフォーム作り」。そのためにベンチャー企業を育成し、ベンチャー企業の立ち上げに関わっています。さらに「コミュニティ作り」も意識しています。定期的にイベントを開催して、メッセージの発信に努めています。

僕のメッセージに反応し、何かをやりたいと思った人たちに、ビジネスの場を提供したい。そのためには、僕自身のブランディングを強化する必要があります。つまり、ブランディング、ビジネスのプラットフォーム作り、コミュニティ作りの3つのテーマは密接にリンクしているのです。

2018年のテーマは2つ。

①「インパクト」……できるだけ多くの全国の経営者に対し、彼らの企業をより強くていい会社にするためのサポートをしていく

②「広がり」……僕が経営するプロノイアグループ（www.pronoiagroup.com）のメソッドを、グループ傘下の人事ソフトベンチャー、モティファイ（www.motify.work）のテクノロジーを使って広げていく

■「自動化・仕組み化」は普遍のテーマ

なお、毎年のテーマの他に、常にテーマにしているのは、「自動化・仕組み化」です。まず、自分がやる仕事とやらない仕事をはっきり決めます。「やらない仕事」は、「完全に捨ててもよい」「自動化・仕組み化して行う」という2つの選択肢があります。

たとえば、僕が会社を維持していくためには経理作業が必要です。一方で、僕自身が直接経理を行うべきではないとも考えています。そこで、自動化できるところは自動化し、アシスタントなどに任せられるところは任せるという仕組み化を進めているのです。

スケジューリングも自動化を進めつつ、アシスタントの力を借りています。ブログやポッドキャストを通じた情報発信も自動化を検討しています。

皆さんもご存じのメルカリという会社は、会社単位で自動化を進めています。人が同じタスクを二度以上すると自動化のチャンスととらえ、AIと機械学習で自分たちの仕事をこなしていく。それは自動化できない、より楽しくてえらいことをするという目的のため。

「この作業をいかに短時間でやるか」と必死になっている人を見かけますが、そもそも本当にやる必要のあることかを考えるのが、一番の時短になるかもしれませんね。

師匠をたくさん持つことで思考停止を避ける

日本人は、「師匠と弟子」という関係が大好き。**僕が知っている日本人のほとんどが、「自分の師匠は～」「師匠に教えていただいたのですが……」という言葉を、どこかのタイミングで必ず口にします。**

往々にして師匠は一人と相場が決まっています。公私を問わず、師匠の存在は絶対的です。一人の師匠をロールモデルとして、仕事や人生の重要な局面で師匠のアドバイスを仰いだり、師匠の教えをもとに決断したりする。そのような人をたくさん見聞きしてきました。

企業によっては「メンター制度」を設けて、新入社員の師匠となる先輩社員を配置する仕組みを導入しています。一度師匠が決まると、その役割は固定化され、ずっと師匠です。新入社員のときの師匠が20年経っても師匠。全然珍しいことではありません。

日本人の多くは絶対的な「師匠」を欲しがっています。師匠の言うことは絶対。とにかく師匠に従っていれば間違いない。師匠がいれば安心なのでしょうが、それが思考停止をもたらしていないでしょうか？

セミナーで、ときどき「私の人生どうすればいいんですか？」と質問をしてくる人がいますが、他人に判断をゆだねるにもほどがあります。

■「シチュエーション」からも学ぶ

ロールモデルは一人に限らなくてもいいです。毎日いろんな人を自由に師匠にしてもいい。もっと言えば、人ではなく「シチュエーション」から学べることもたくさんあります。師匠を一人の人間に絞ることで、かえって学びの回路を遮断するのはもったいないです。

特定の分野について学ぶとき、その道のプロに学ぶことは大事ですが、日常の中には学びの機会がふんだんにあります。

師匠を限定しないことで、学びのアンテナの感度は増します。

僕にとっては、すべての人、すべての機会が学びであり、師匠です。日々、人と接する中で、「この話し方は感じがいいな」「こういう質問の仕方は鋭いな」と思う瞬間がありま す。そういった機会をとらえて学びます。真似をして、自分のものにしていくのです。

■悪口やグチからも得るものはある

ネガティブなロールモデルからも学ぶことはできます。

たとえば、僕はあるコミュニケーションメソッドを、ワークショップや研修を通して学んだ経験があります。

そのメソッドは、コミュニケーションツールとして非常に参考になるものでした。建設的なコミュニケーションとは何か、理論と実践ともに多くの学びがありました。

しかし、そのメソッドの創始者たちが仲違いをしていて絶交状態にあると知って、幻滅しました。「建設的なコミュニケーションを伝えていながら、何をやっているんだろう」と。

ワークショップや研修で、敵対する創始者の悪口を必ず聞かされるのには閉口しました。「悪口を聞きたくてコミュニケーションを学びに来ているわけじゃない。そもそもプロとして、受講生の前で言っていいことと悪いことがあるんじゃないか」とモヤモヤしました。

でもあるとき、ネガティブなロールモデルからは逆の意味で学べると気づきました。日本語でいう「反面教師」にすればいいのです。

友人とおしゃべりをしているとき、一人が会話の主導権を握って手放さないようなことがあります。本当はみんなで情報交換したいのに、一人が自分の話をし続けている。そんなとき、学びのアンテナが働いていれば、「もしかして、私も似たようなことをしているかもしれない」と気づくはずです。

「そもそも自分は、会話の中で話す・聞くをどのように配分しているのだろう」

「ケースに応じてどのくらいの割合で話せば、建設的で面白い会話ができるのだろう」

このように考えて、ＰＤＣＡを実践するきっかけになれば、あながちムダな経験ではなくなります。

また、グチから仕事のアイディアが生まれることもあります。

HERO Consultingの佐藤博さんは「手書き風手紙作成代行サービス」を開発中です。これは、システムに入力した文章を、ロボットが実際の万年筆を使ってハガキや便箋に自動で書いてくれるというサービス。書かれた文章は手書きそのものです。

このアイディアは、生命保険の営業の人が、お客様にハガキを書くのが大変だとグチを言っていたところから生まれたとのこと。現在は、証券会社や美容院、旅行代理店やブライダル業界などのいろいろな人に会い、活用の場を広げ、イラストや写真を入れることも考えているそうです。

悪口やグチに遭遇したら、「これを活かすにはどうしたらいいか？」とぜひ意識してみましょう。大きな学びになるチャンスかもしれません。

セミナーでは、何か一つ持ち帰れたら上出来

フェイスブックやツイッターには名言があふれています。誰かがどこかで読んだり聞いたりした名言を引用し、それを皆が拡散し……という具合に、常に名言に囲まれて生きています。

皆名言が大好き。そういう僕も名言が好きです。たとえば――

「今日が人生最後の日だとしたら、今日やろうとしていることを私はやりたいと思うだろうか?」(スティーブ・ジョブズ)

ちょっとドキッとする名言です。でも、名言を引用しているだけでいいのだろうか、とも考えさせられます。名言を読んで感心するのもいいですが、もっと大事なのは名言を活かしているかどうか。

最近では、僕が生まれたポーランドの村に住む人や、親戚たちも当たり前のようにフェ

イスブックを使っています。彼らの投稿の中にも、ポーランドの名言をたくさん見つけます。日本という離れた場所から、その投稿をぼんやり眺めていて気づきました。

皆、自分が毎日を気持ち良く過ごすために名言を使っているのだ、と。

名言に触れると、不思議と高揚感があります。勇気をもらったり、気持ちを奮い立たせたり、やる気になったり……。でも、一時的にテンションを上げて気持ち良くなっているだけ。名言を紹介して皆から「いいね！」をもらうのが目的になっている人もいます。

僕自身は、頭の中で覚えている名言だけを大事にしています。頭の中に入っている名言は、すぐに言えるし、生き方にも反映されています。そういう名言は、数ある名言のうちのごくごく一部ではないでしょうか？

これは名言に限らず、あらゆる情報にも当てはまります。だからセミナーで僕はよくこう言います。

「ここで見聞きしたことの全部が学びになるとは思わないでください。少なくとも一つは持ち帰って実践していただきたいですが」

■感想はまとめなくていい。メモもいらない

スーパーに行っても、棚の商品を全部買うわけではありません。必要なものだけを買うはずです。因みに僕は、お腹が空いているときにはスーパーに行かないようにしています。お腹が空いていると買いすぎてしまうからです。「あれも食べたい、これも食べたい」と買い込んでも、結局は冷蔵庫の中で腐らせてしまう。だったら、自分に必要なものだけを選んで購入すべきです。

最近気づきましたが、僕はメモを取る機会が減りました。昔はよくメモを取っていました。人から聞いたことを一つ残さず書き留めたかったからです。その次の段階として、その人の言葉をもとに自分の思考をメモしている時期がありました。

今は、メモを取らなくても、得られたものが頭の中に鮮明に残っていることに気づきました。名言と同じで、結局、本当に重要なのは、頭の中に残っていることだけなのです。

芸人の笑福亭鶴瓶さんが言っていました。鶴瓶さんはいろいろなイベントの司会をしていて、終了時に〝今日のまとめ〟を振られることが多いそうなんですが、彼は決してまとめないと。まとめると、観覧していた方々が、まとめたところだけ覚えてしまう。でも本

当に心に残った部分は各々違うはずだ。だからまとめない。まとめないという〝まとめ〟です、と。

それに近いものを感じました。本当に大切だと思ったことは、心のメモに残ります。

■自分の課題を「質問化」しておく

繰り返しますが、セミナーも名言も一緒。**自分で学びたい情報を決めてからセミナーに行けばいい。**最低限の情報を得られれば十分なはずです。

そのためには自分の課題について質問を作っておくと効果的です。もし採用に悩んでいるなら、

「どうやって人材を募集していますか？」

「人を採用したいときに、どんな条件を重視していますか？」

「面接では、何が決め手となることが多いですか？」

といった具体的な質問を用意しておくのです。

質問を意識していれば、人と会ったときに必要な情報が手に入りやすくなります。情報が手に入れば、すぐに実践できます。

質問は、バランスが大事です。ポイントが狭すぎると答えが得られにくいし、ぼやっとしすぎると答えも明確になりにくいです。

特に注意したいのが、漠然とした質問。「どうやって人生を生きたらいいんですか?」「どうすれば成功できますか?」と質問しても誰も明確に答えられません。これでは学ぶチャンスをみすみす見逃すだけです。

「私は○○の分野で○○を実現しようとしています。今、○○に取り組んでいるのですが、どう思いますか?」

このように、相手の立場で答えられる質問を用意するのです。自分に何が必要で、何がわかっていて、何がわかっていないかをきちんと把握する。そのうえで必要な情報を可能な限り早く集めましょう。

情報を持っている人たちにできるだけ早くアクセスする。アクセスして、情報がもらえるような適切な質問をする。手に入れた情報をもとにすぐに実践する。これを忘れないでください。

学力よりも必要になる、世界の問題を解決する能力

日本では、東京大学、早稲田大学、慶應義塾大学といった一部の大学と、官公庁、企業の結びつきが強固です。

たとえば、東大を卒業した人が中央官庁に進むのは「定番コース」です。早稲田や慶應の出身者が入社したり出世したりしやすい企業があるとの話もあります。

卒業生も企業も大学も、大学卒という肩書きを「資格」として捉えています。医師になるのに資格が必要なように、この企業に入社するには「○○大卒」という資格が必要だと考える。そうなると、必然的にランキング（偏差値）の高い大学の卒業資格に価値が生じます。

A大学卒より、早稲田大卒に価値がある。早稲田より東大に、東大よりハーバード大に価値がある……。

そのため、大学側は、自校のランキングをいかに高くするかに力を入れます。できるだけたくさんの受験生を獲得しようと、様々な入試を導入し、競争率を高め、偏差値を向上させて、できるだけ「資格」を高く売ろうとします。結果として、世界を変えるための人材育成などは後回し。学問の府として本末転倒です。

一方、学生にとっての大学進学の目的は、「いかに効率的に良い資格を取得するか」となります。だから、ただランキングの高い大学へ行くために勉強をし、入学後は卒業するためにギリギリ最低限の勉強しかしないのも当然。これでは、新しいものを生み出す発想には繋がりません。

さらに、有名大卒という「資格」をもとに採用する企業に、新しい価値を生み出せるとは到底思えません。

何度でも繰り返します。**「いい大学に入って、いい企業に就職すれば将来は安泰」という考えは、すでに破綻しています。**

もちろん、ハーバード大や東大、その卒業生たち、彼らを積極的に受け入れてきた企業が今日明日に通用しなくなるわけではありません。

彼らはこれまで培ってきた権威や人脈、お金を使ってそれなりに延命を図ることはできるでしょう。グーグルの中にもハーバード大出身の人はたくさんいます。従来のエリートコースの中から、新しい価値を生み出す企業に人材が入ってきているのも事実です。

ただ、いい大学に入って、就活を頑張って、いい企業に就職すれば将来は安泰、というコースは失われています。かつてアメリカやイギリス、フランスにもそういったコースがあったのですが、今はもう存在しません。

グーグルはプログラミング、エンジニアリングの会社であるため、大学卒を最低条件と設定しています（一部の職種では大学を出ていない人も採用しています）。

社内で行われた調査によると、大学を卒業したかどうかとパフォーマンスに相関関係があることがわかっています。知的好奇心を持つ人が、大学に行く確率が高いからだと考えられます。ただ、**卒業した大学とパフォーマンスには、ほとんど相関関係がない**ことも明らかになっています。別に、スタンフォード大やハーバード大や東大を出ていなくても、優れた仕事をする人はたくさんいます。


ついでに言うと、**パフォーマンスと最も相関関係があるのは、挫折経験**であることがわかっています。たとえば、大学の学費を作るために苦労したとか、両親が離婚したとか、重い病気をしたなどの経験です。

要は、過去の挫折経験を乗り越えられたのなら、仕事で悩むことがあっても道を誤ることはないということです。

だから、学生時代にスポーツなどに本気で取り組んで負けたり、ケガをして夢をあきらめたりした経験を持つ人は、良いパフォーマンスを発揮する傾向があります。

少なくとも、大きなチャレンジをして苦労した人は、何もしてこなかった有名大卒の人よりも、ポテンシャルがあります。

■シンギュラリティ・ユニバーシティが目指していること

これから学び方が変化するのは避けようがないでしょう。求められるのは、「東大卒」などの資格を得るための勉強ではなく、世界に何か新しい価値をもたらすための勉強です。

シンギュラリティ・ユニバーシティをご存じでしょうか？ アメリカ・シリコンバレーを拠点とする教育機関です。ユニバーシティ（大学）とありますが、自前のキャンパスを抱えているわけでも、学位の資格を授与するわけでもありません。

シンギュラリティ・ユニバーシティは、発明家のレイ・カーツワイル氏とXプライズ財団のCEOであるピーター・ディアマンティス氏が発起人となり設立されました。グーグル、シスコ、オートデスクなどがスポンサーとなり、各種の教育プログラムを提供しています。

彼らが目指しているのは、新しい技術によって教育、エネルギー、環境、食糧、保健、貧困、セキュリティ、水資源といった、人類にとって最も解決が困難な課題（Global Grand Challenges）を解決に導くこと。

プログラムには世界中から多数の応募者が殺到し、グーグル、フェイスブックなどシリコンバレーのトップの人たちもスピーカーとして参加します。

受講生たちは、こうしたスピーカーたちからたくさんの刺激を受け、人類の問題解決に向き合い、ビジネスプランに落とし込み、投資家にピッチします。

実際に投資を受けて、スタートアップを成功に導く企業も生まれています。

■民間企業が政府に先がけて世界の問題を解決する時代に

今や、世界の諸問題を解決する仕組みは、政府や行政に先んじて民間企業が作っている時代です。たとえば、先述した孫泰蔵さんのミスルトウや、イーロン・マスクが設立した民間宇宙ベンチャーのスペースXなどが代表例です。

かつて、宇宙開発というミッションは国が主導して進められてきました。アメリカではNASA（アメリカ航空宇宙局）、日本ではJAXA（宇宙航空研究開発機構）といった組織がそれを担ってきたのはご存じの通りです。

民間宇宙ベンチャーが登場すると、こうしたベンチャーと国家機関は競合する関係となりました。当初、NASAとスペースXは宇宙開発をめぐって競争を行ってきました。

しかし、2006年以降、両者は協力関係を結び、スペースXはNASAの依頼を受けてロケットや宇宙船の開発を進めています。

2017年、スペースXは打ち上げ後に回収したロケットの再利用に成功したと発表しました。ロケットの機体は、打ち上げコストの実に約8割を占めます。ロケットの回収・再利用によって打ち上げ費用を大幅にカットすることができます。

つまり、彼らはNASAよりも革新的なロケットを作っています。それも当然のことです。スペースXの意思決定は、NASAと比較すると何百倍も速いとされているのですから。

これからは、世界の問題解決が人類の進歩を牽引します。当然、そのための学びが必要となります。有名大卒や大手企業の社員であるという資格は、ますます価値を失います。それを得るための学びもまた、急激に価値を失っていくわけです。

第 3 章

決断は直感で。早く動いて結果を出す

決断の速さが結果を大きく左右する

変化の激しい時代にあっては、いかに速く決断できるかが結果を大きく左右します。何かを決断してすぐに動く心がけは、非常に重要です。決断しない人・動かない人は、何も生み出しません。

直感で決断するメリットは、なんといっても素早く行動できること。僕はスピードを最も重視しています。多くの場面で、素早く行動した分、得られる成果も大きくなります。直感的に決めて動けば次のステージに進めます。

一番もったいないのは迷っている時間です。たとえば、お腹が空いたときに「中華にしようか、フレンチにしようか、和食にしようか……」と迷っているような時間です。中華にする、フレンチにする、というのも決断ですが、「食べない」というのも決断です。「食べない」と決めて別の行動に移れば、そこで何らかの成果が得られます。つまり、迷って停滞している時間を減らすべきなのです。

食事の場合は、迷っている時間のロスも限定的でしょうが、キャリアの選択ではロスが致命的となります。たとえば、漠然と起業を考えているけれど、迷っているだけで時間を浪費しているようなケース。悩んでいるうちにタイミングを逸し、結局何もしないままずるずると会社にしがみつき、不本意なまま人生を終える。これでは悲しすぎます。

起業するなら起業する。しないならしないで、今の職場で何ができるかを考えて実行する。とにかく、何かを選択して動いたほうがいいです。

直感で決断する第二のメリットは、自分の価値観に近い決断ができること。自分が本当に何を欲しているのか。これは論理的に考えるよりも、直感的にわかるものです。

たとえば、恋愛するときに、相手を論理的に分析した上で好きになるケースは少ないのではないでしょうか（お見合い結婚ではよくあるかもしれないですが）。むしろ、顔も性格もまったくタイプではなかったのに恋に落ちてしまったという話をよく聞きます。いわば自分で自分の好みを説明できない状況です。

自分が思い込んできた「好きな人のタイプ」は、メディアの影響や友だちとの会話の中で作られてしまいがち。でも、直感で決断することで、本当に自分にとって好ましい決断ができ、望む結果を得られる確率が高まるわけです。

■偉大な経営者も直感で決断している

経営者も、すべての意思決定を論理思考でしているわけではなく、直感で動いています。忙しくて考える時間がないという理由もあります。

先日、大手広告代理店でソフトバンクを担当している営業局の局長とお話をする機会がありました。孫正義さんと何度も接したことがあると言うので話を聞いてみると、孫さんも直感的に決断するタイプだとわかりました。

広告代理店ではCMを作るとき、クライアントにまずコンセプトを説明します。コンセプトを説明したあとに、「それを踏まえてこういうCMを作りました」という順序でプレゼンをするわけです。

ところが、孫さんはコンセプトはどうでもいいから、最初に15秒のCMを見せてくれ、と言うそうです。CMを見て納得できるかどうかだけで判断するのです。

考えてみれば、テレビの視聴者もいきなりCMを見せられて、その場で好きか嫌いかを判断しています。だから、テレビを視聴する人の立場になって、直感的に判断したほうが正当に評価できます。

僕が思うに、CMを制作している人たちも、本当は直感的に面白いかどうかで仕事をしているはず。でも、クライアントには論理的に説明しないと納得してもらえないと思い込み、後付けでもっともらしいコンセプトを説明している。いわば、コンセプトのためのコンセプトを準備しているのではないでしょうか。

僕は論理思考のフレームワークにも、似たような違和感を覚えます。よくコンサルティング会社で作られた論理思考のツールがもてはやされています。フレームワークを活用すると、論理的に分析でき、意思決定できるかのようにうたわれています。でも、本当に、意思決定に役立っているのでしょうか。僕には、決断の正当性を説明するための後付けのように思えてなりません。

■大きな決断には締め切りを設ける

もちろん、転職や起業、結婚といった大きなことを直感で今すぐ決断しろ、と言うつもりはありません。僕も大きな仕事を受けるかどうかなど重要な決断をするときは、ギリギリまで待って判断材料を集めます。直感で選んだ選択肢をベースにしつつも、改めてその選択肢を分析するのです。

最終決断をする直前に決定的な情報が入ったり、ひらめきが生じたりする可能性は高いと言えます。なぜなら、人が答えを探そうとするとき、無意識のうちに最良の決断をするために脳が働くからです。

だから、僕は重要な決断をする前夜に、「どうしようか」と考えながら就寝します。すると、朝起きた瞬間に「そうだった」と答えが出ていることがあります。なんだかスピリチュアルな話をしているようですが、寝ている間も脳は働いているのですから、別段不思議なことではありません。

もっとも、大きな決断を悩み続けていたらいつまで経っても前に進めないのは前述した通り。ですから、決断に締め切りを設けておきます。「○日に結論を出す」と決めて、そこまで真剣に考える。

検討している途中で、小さな決断をするのも効果的です。たとえば、恋人とこのまま付き合い続けるかどうかで悩んでいるとき。最終的な決断を下す前に、「今週はいったんデートをキャンセルしよう」などと小さな決断を下して実行する。それによって心境の変化が起きたり、判断材料が得られたりします。

最終決断は、落ち着いた状況で行うべきです。仕事が忙しく、強いストレスを抱えて余裕がないときに下した決断はたいてい失敗します。落ち着いてから振り返って考えたときに悔やんでも後の祭りです。

直感で決断した後に必ずやるべきこと

直感で決断したら、**「自分の決断の間違いを裏付けるエビデンス」を探す**ことが大切です。

人は直感的に決断すると、その直後から自分の決断を正当化しようとし始めます。

もう一度、恋愛の例で考えてみましょう。人が誰かに恋をするとき、周囲の人から「あの人と付き合うのは、やめておいたほうがいいよ」と言われても、まったく聞く耳を持たなくなります。

自分でも、相手の問題点を日常的に目にしているはず。……なのに、ことごとくスルーしてしまう。逆に、相手の良いところばかりを見つけて、自分の選択を正当化しようとするのです。そうやって周囲の反対を押し切り、同棲を始める。結果、ＤＶ被害を受け、不幸になってしまう。決して珍しくはない話ですね。

相手と付き合い始めたときに、冷静に「自分の決断の間違いを裏付けるエビデンス」を探していたら、このような不幸を招かずに済んだはずです。

恋愛になると理性的に判断できない人でも、ビジネスであれば、多少は冷静に自分の考えを疑えるでしょう。

直感が間違ったと気づいたら、すぐに戻ってやり直せばいいのです。そうすれば、失敗の痛手も少なくて済みます。正しい道に進むこともできます。

もしリーダーとして人を率いている局面で失敗したときには、リーダーが責任を取ればいいのです。最悪なのは「みんなのやり方が悪かっただけ」と周囲に原因を押しつける振る舞いです。そうやって自分の判断を正当化しようとするから、「見切り発車だ」と批判されるのです。

直感による失敗を反省しないから「見切り発車」。反省すれば、それは「迅速な判断」です。両者は紙一重のようでいて、まったく別物です。

■疑いすぎて行動できないのは最悪

因みに、疑いすぎて決断できないのも間違っています。

たとえば、あなたが乗っている飛行機がジャングルに墜落して、ひとまず一命を取り留めたとします。生き残ったのは自分一人。さて、このときあなたはどうしますか？助けを求めて移動するのか。この場で救助を待つためにとりあえず食料を探すのか。どちらにしても、座席から立ち上がり、動かないことにはどうにもなりません。動いたことで、決断が正しくなかったと気づく可能性もあります。そうしたら、他の選択肢を試してみるだけです。

こう考えてみれば、私たちがやるべきことは明白です。すぐに行動して、間違っていたら方針を転換する。それしかありません。

直感のセンスを磨く2つの方法

直感のセンスを磨くには、**とにかく小さな失敗をたくさんして経験を積むのが一番です。**

成功している人に話を聞くと、ほとんどの人が小さな失敗をたくさん経験してきています。たとえば、自分にとって大きなインパクトがあると思って仕事を受けたものの、あとで冷静になって考えてみたら、予想以上に負担が大きかったり、細かい作業がたくさんあったりと、ムダが多いことに気づいた。気づいたときには、もう契約が済んでいて、後戻りできない……といったようなことです。

実は僕もそうした失敗をしたことがあります。そんなときは、とにかく目の前の仕事をやりきるのみ。やるしかないですが、後ろ向きに取り組むので、やっぱり結果も出ません。そうやって仕事が終わっても後悔の気持ちが続く経験は一度や二度ではありませんでした。

決断した時点では、正しい決断なのかはよくわかりません。あとから振り返って初めて正しかったのかどうかが検証できます。

ただし、経験によって先読みする力は養われます。先を予測して、この仕事にどんな要素が付随するのかが、だんだん見通せるようになっていきます。次に似たような仕事のオファーを受けたとき、安請け合いはしなくなるわけです。

これは将棋やチェスの実力を上げていく過程とよく似ています。将棋やチェスでは、盤面上で自分が駒を動かしたときの相手の動きを予測して手を打っていきます。

ただし、何万通りもの展開がありますから、相手のすべての手を予測できるわけではありません。一手ずつ論理的に選択するわけではなく、直感的な選択をします。

とはいえ、経験を積めば直感的な選択にも説得力が生まれてきます。過去の経験から「相手はおそらくこう動くだろう」という推測の的中確率が上がっていくからです。これが直感の確度を上げるということです。

このように、僕はときに小さな失敗を経験し、でも大きな失敗は経験せずに直感力を磨いてきました。大きな成功は、たくさんの小さな失敗に基づいています。逆に言えば、**何**

かを成し遂げるためには、早く小さな失敗を繰り返すしか道はないのです。

失敗を繰り返すには、単純にたくさんの経験を積む必要があります。要は、直感で決断する機会を増やすことです。たとえば、知らない街を旅行してみるのもおすすめです。右の道を行くか左の道を行くか、どこで食事をするか、誰に道を聞くかといった決断を次々に迫られます。

意図的に直感で決断する機会を作っておけば、小さな失敗も経験できますし、直感のセンスも磨かれます。

■環境を変えて潜在意識を刺激する

直感のセンスを磨く方法はもう一つあります。「潜在意識」に刺激を与えることです。意図した決断は、直感による決断のごく一部の側面です。直感で決断するとき、人は潜在意識の力を活用しています。簡単に言うと、なんだかよくわからないまま突き動かされるように選択してしまう状況です。

人間の潜在意識は、僕たちが気づかない間にも、様々な刺激に反応しています。代表的な刺激の一つが環境です。グーグルなどイケてる会社のオフィスを見ると、環境による刺激を増やす仕掛けがたくさんあるのに気づきます。

たとえば植物も置いてあるし、内装もお洒落だし、空間に対する人の割合も気持ちいい。人と食事やお茶をしながら雑談できる場所があるのも大きなポイントです。

実は、人は気づかないうちにこういった環境から刺激を受けて行動しています。おそらくグーグルの社員は、一般的な日本企業の社員よりも、日常の中で受けている情報量と、いろんな人と接している機会が圧倒的に多い。刺激に囲まれているからこそ直感が働きやすいわけです。

職場のちょっとした場所に洋書を置いてみるとか、絵を飾ってみるとか何でもいいのです。別に洋書を読まなくても、なんとなく「洋書があること」が一つの刺激となります。

こういった**刺激のストックを増やすことが、直感のセンスを磨くことにも繋がる**のです。

これは、脳波からも説明ができます。脳は、考えたり感じたりすると神経細胞から電波を発生させます。これを脳波と言います。

脳波にはγ（ガンマ）波、β（ベータ）波、α（アルファ）波、θ（シータ）波、δ（デルタ）波の5つの状態があります。

γ波は意識や知覚と関わりがあり、行動しているときに出ます。

β波は覚醒状態。起きていて、日常生活をしている状態。考えて判断するとき、緊張や不安、イライラなどのネガティブな感情を抱くときにも出ます。

α波は起きていて非常にリラックスした状態。集中力や学習力が高まっています。

θ波は睡眠と覚醒の境界でまどろんでいる状態。瞑想時にも出ると言われ、創造性や記憶力がアップします。

δ波は、夢を見ることなく深い眠りに落ちた状態のときに出ます。


β波のときに顕在意識と繋がり、α波とθ波のときは潜在意識と繋がり、δ波のときは無意識の状態です。

つまり、リラックスする刺激を与えることが、潜在意識を開かせ、直感が鋭くなることに繋がるのです。

日本人にはフィードバックが圧倒的に足りない

直感で動いて失敗を修正するとき、フィードバックは欠かせません。フィードバックを端的に言い換えれば、「人からのアドバイスをきちんと聞く」ことです。

「こういう問題について、どう思いますか?」

「こういうことがしたいんですけど、あなただったらどうしますか?」

「ここがわからないので教えてください」

このように、人からアドバイスをもらうことを意識するといいです。

日本人を見ていると、人から褒められたとき、多くの場合「ありがとう。嬉しいです」で終わりにしています。非常にもったいない反応です。

具体的に「どこが良かったと思いますか?」と聞けば、成長に繋がる情報が手に入ります。「○○さんならどうしますか? 教えていただきたいです」と掘り下げれば、新たな発見が見つかるはずです。

ただし、ここで聞き方を間違うと、自分にとって受け入れがたいフィードバックを得ることになります。

代表例が「私の弱みは何ですか？」「その弱みをどうやって直せばいいですか？」という質問です。相手がよかれと思ってフィードバックしてくれても、「君は生意気なところがある」などと言われたら、やっぱり凹みます。

そもそも人は、ネガティブなフィードバックなど受けたくありません。だから、**フィードバックを求めるときは、建設的でポジティブな聞き方をするのが基本です。**

「この仕事で良かった点を教えてください」

「もっとわかりやすく話すにはどうすればいいと思いますか？」

「次に向けて準備すべきことは何ですか？」

ポジティブに質問すれば、ポジティブな答えが返ってきます。この聞き方をぜひ実行していただきたいです。

■課題を言語化してから質問する

フィードバックを受けるには準備が必要です。

僕は、しばしば日本の企業から、「ぜひ一度お会いしたいです」と声をかけてもらうことがあります。特に本を出版してから、オファーを受ける機会が格段に増えました。ありがたいことです。

いろいろな人と会ってお話をするのは大好きですし、望むところです。でも、**「意見交換をしましょう」と言われると、たちまち拒否反応のスイッチが作動します。**

経験上、〝意見交換の場〟に出向くと、お互いに普段の活動を紹介しあうばかりで、いたずらに時間が過ぎ、話がまったく前に進みません。

結局、最後まで結論が出ず、あやふやな話に終始するケースがほとんど。振り返って「あれは何だったのだろう」と思う経験を度々してきたのです。

こうした経験を繰り返すうちに、「意見交換をしましょう」と言ってくる人たちが、自分の課題を理解していない……というより課題を言語化する作業を怠っていると気づきました。

要するに、何か問題を抱えているのは自覚しているけど、何のために僕の意見が必要なのかを把握していないのです。

そうした人たちと会って話していると、闇夜に道を手探りで進んでいるような心許ない気持ちになります。

「意見交換をしましょう」というオファーを受けたときには、「具体的にどんな課題があるのかを教えてください。そうすれば、ヒントとなるようなお話ができるかもしれませんから」とお答えしています。残念なことに、そう返信すると、それ以降連絡が途絶えてしまうケースもよくあるのですが……。

少なくとも、課題を抱えてモヤモヤしている場合は、問題を定義した上で「わかること」「わからないこと」を区別するのが先決です。両者を区別して初めて、何を調べればよいのか、誰に何を聞けばよいかがわかります。

■複数のメニューを提示する

相手に質問をする際、複数のメニューを提供するのも有効です。

たとえば、「給与のいいA社に転職しようと思っていたところ、昔一緒に働いていた人から『一緒に起業しよう』と誘われたんです。どっちを選べばいいのか迷っているんですけど、どう思いますか？」と聞く。そうすれば相手も具体的に回答できます。

仕事を改善するためのフィードバックを求める場合は、自分でいくつかのやり方を提示して、相手に選んでもらう方法が効果的です。AとBの選択肢を提示することで、もっと別のCプランを教えてもらえる可能性もあります。

■「ありがとう」で終わらせてはもったいない

ここで、僕のフィードバック手法の一端をご紹介しましょう。

僕は、本を読んだ読者からフェイスブックのメッセンジャーを通じて感想をいただくことがあります。「本を読んで勉強になりました」「人生が変わりました」「働き方を見直しました」……。どれも非常にありがたいメッセージです。

けれども、せっかくのメッセージを「ありがとうございます」で済ますのはもったいない。そこで、**「ぜひ具体的に良かった点を3つくらい教えてください」**と返信するのです。

強要の意図はないので、返信がなくてもかまいません。それでも、きちんとフィードバックしてくれる読者がたくさんいます。本当にありがたいです。
いただいた返信は、時間を見つけて必ず読んでいます。そこで得た情報は、セミナーや書籍のアイディアとして活用しています。

本を執筆している途中に、原稿の内容を見てもらい、フィードバックを受けることもあります。グーグルドキュメントで共有ドキュメントを作り、原稿を友人や社員に読んでもらい、自由にコメントを書き込んでもらうのです。僕の秘書は、「ここは面白くないです」「ここはよくわからない。どういうことですか？」などとストレートなコメントを寄せてくれるので、非常に助けられています。

フェイスブック上でアンケートを募ることもあります。たとえば、著書のタイトル候補が5つくらいあるときに、フェイスブックを通じて意見を募集するのです。実際に、『世界一速く結果を出す人は、なぜ、メールを使わないのか』は、アンケートを参考にタイトルを決定しました。

このように、僕はネット上でご縁があった方からのフィードバックを毎日のように受け取っています。

直接的なアドバイス以外にも、フェイスブックに投稿した記事のどれが多くシェアされているか、どれが「いいね！」を多くつけてもらえたかもフィードバックの一つです。指標をもとに投稿した内容を振り返り、次の記事に反映しています。あなたも是非フォローをお願いします。（Facebook/Twitter @piotrgrzywacz）

瞬間に集中することで目の前の選択肢を増やす

人間を含めたあらゆる動物の中で、一番強いのは、柔軟性がある生き物です。言い換えれば選択肢が多いということ。選択肢が多ければ多いほど、生き残る確率を増やせます。

実は、生きている瞬間瞬間に注意を払えば、その瞬間の選択肢を増やすことができます。

人間にとって、意識を集中すべき大切な瞬間は、3つあります。

1つめは「相手に反応する瞬間」。挨拶されたとき、質問されたとき、電話を受けたとき、相手はあなたに反応を求めています。この瞬間を強く意識して全力を注ぎます。

2つめは、「自分から働きかける瞬間」。相手に反応する瞬間とは逆に、自分から挨拶したり、質問したりする瞬間です。

カフェに入って、店員さんにオーダーするのは、自分から働きかける瞬間です。このとき「コーヒーをください」と言えばコーヒーが運ばれてくるわけですが、もっと付加価値を生むこともできます。

たとえば、店員さんに「メガネがかわいいですね」と言えば喜んでもらえる。「あなたのオススメは何ですか？」と質問すれば、「実は特別なコーヒーがあるんです」と言われるかもしれません。

3つめは、「上に引き上げる瞬間」です。エレベーターの語源である「エレベート」であり、何もないところから上のほうに持ち上げるイメージです。2つめの「自分から働きかける瞬間」とも似ていますが、もっと「より良い状態を目指そう」という働きかけを意味します。

たとえば、職場の同僚が元気がなさそうなとき、「どうしたの？　元気ないね」と聞いてみる。その質問をきっかけに「実は、相談したいことがあって……」と言われるかもしれません。相談をきっかけに、相手の課題が解決したり、チームの雰囲気が良くなったりすることはよくあります。

このように、人は3つの瞬間の中で行動を取っています。自分が動いている中で、「今の選択は良かったのか？」「もっと別の選択肢はなかったのか？」と常に問いかける。これを続けていれば、選択肢を増やせるのはもちろん、大きな失敗も防げます。

■一瞬一瞬を自己実現に繋げる

大きなビジョンを実現するには、大きな仕事が必要。それはそうですが、実はどの瞬間も大きなビジョンに繋がっています。

僕のビジョンは、誰でも自己実現ができる世界を作ること。結構大きなビジョンです。でも、ビジョンに到達する手法は様々。学校を作るのも一つの方法だし、人材開発のプログラムを提供することも一つです。

もっと小さなレベルで自分から働きかける瞬間も、ビジョンに繋がっています。たとえば、僕は同じマンションに住んでいるおばあちゃんに話しかけることがよくあります。エレベーターに同乗するちょっとした時間に「お元気ですか？」と挨拶をする。一生懸命歩こうとしているおばあちゃんに「今日も頑張っていますね」と声を掛ける。

僕の一言で、おばあちゃんが少しでも元気になるかもしれません。「今日、変な外国の人から『頑張って』と言われたんだよ」と家族内で話題になって、面白がってもらえる可能性もあります。ちょっとでも相手のプラスになれば、相手の自己実現に貢献できます。

あなたは、自分が生きている一瞬一瞬が自己実現に繋がっているかを考えたことはありますか？　一瞬でもできることはたくさんあります。

ブランディングは偶然から生まれる

ときどき「ピョートルさんは、なぜ黒いシャツばかり着ているのですか？」と聞かれることがあります。

確かに、僕は黒いシャツを毎日着ています。何か深い意図が込められているのではないかと、多くの人の想像をかき立ててしまうようです。

ヨーロッパ人にとって、黒は宗教的にも哲学的にも、ちょっとミステリアスな印象を与える色。なので、「ちょっと魔術的なイメージでブランディングをしているんです」と、冗談っぽく伝えることもあります。

振り返ると、そもそも僕はパンクロッカーだったので、全身黒という出で立ちには馴染みがありました。もともと全身黒のスタイルを好んでいたのです。

ただ、グーグルにはどちらかというとカラフルなイメージがあります。

「アップルなら全身黒ずくめでもいいかもしれないけれど、グーグルで全身黒というのはちょっとやり過ぎかな」

そんなふうにも考えていました。そこで、グーグル入社後に、ボトムスはブルージーンズ、トップスは黒というスタイルが定着していったわけです。

でも、本当の理由はもっと別のところにあります。

実は、**「いちいち考えなくていいから」**というのが、黒いシャツを着ている最大の理由です。何と言っても、毎朝黒いシャツを手に取って着るだけなので簡単です。「今日は何を着ようか」と考える手間を徹底的に省けます。

黒のシャツとブルージーンズの組み合わせは、よく合います。青いシャツを選んでしまうと、ピンクのパンツに合わせるべきか、あるいは他の色にすべきかで頭を悩ませることになります。

もともとは「服選びを自動化したい」という発想から今のスタイルに行き着いたわけですが、続けるうちにいろいろなメリットが付随しました。

たとえば僕はコーヒーと赤ワインが大好物なのですが、残念ながら両方ともうっかりこぼしてしまう危険性があります。その点、黒いシャツなら多少の汚れは目立ちません。

ソックスも黒で統一しています。色をそろえているので、仮に組み合わせを間違えても気にせずに済みます。

■「人によく言われること」がブランドになっていく

面白いことに、毎日黒いシャツを着続けていたら、それが僕のブランディングに繋がりました。

あるとき、打ち合わせの場所に出向いたら、「あっ、ピョートルさん、やっぱり黒を着てきましたね！」と言われました。いつの間にか「ピョートルはいつも黒を着ている」という認識が定着していたのです。

ブランディングを意図して黒のシャツを着ていたわけではなく、考えたくないから黒を着続けてきた。それが期せずしてブランディングの役割を果たしていた。この事実には、僕自身が驚きました。

そして、ブランディングへの意識を少し改めました。自分ブランディングを否定はしませんが、自分の行動や主張、スタイルを世間が見て、そして評価したものがブランディングに繋がる気がします。つまり、**「自分では意図しない物」の中に、ブランディングのヒ**

ントがたくさん隠されているのではないか、と。

たとえば、アップル製品には「デザイン系やＩＴ業界の人たちが愛用している」というブランドイメージがあります。では、スティーブ・ジョブズが当初からそういったイメージを想定していたのでしょうか。おそらく違うはずです。

アップル製品のブランドイメージは、後付けで作られた。そこにいち早く気づいたジョブズが、作られたブランドに乗っかる形でブランディングを進めていった。これが真相ではないでしょうか。


このようにブランディングは、偶然から生まれるケースが多々あります。たとえば、靴を丁寧に磨いて出社したら、職場で「いつも靴をきれいにしていますね」と言われた。それに気を良くして、ますます靴の手入れに力を入れるようになった、というような経験はないでしょうか？

他にも、「あの○○」と言われたら、それもブランディングになっています。「あの、歌がうまい山田さん」とか、「あの、デスクがいつもきれいな佐藤さん」など。きっとあなたも何か言われていることがあるはずです。

意図的にブランディングを図るのも重要ですが、周囲の反応から、自分のブランドになり得るものに気づくセンスはもっと重要です。
これは136ページでお話したフィードバックの活用にも繋がる大事なポイントです。

何でも面白がると、その場が建設的な方向に進んでいく

僕の強みは何かと考えてみると、物事を怖がらないことが一番だと言えます。どんなタイプの人ともうまくやっていけて、どんなシチュエーションに接しても面白がれる自信があります。

たとえば、チームメンバーが目の前でいきなり泣き出したとしましょう。あなたは突然の出来事に、何を思うでしょうか。

「いったい何があったんだ？」

「何か自分が言ったことがまずかったのかな？」

「とにかく気持ちを落ち着かせたほうがいいのかな？」

このようにあれこれ考えて、おたおたしてしまうかもしれません。

でも僕は、不謹慎なようですが、「面白いな」と思ってしまう。驚くというより、「あー、この人はこんな感情的な一面もあるんだ」と、面白がります。

面白がる精神は、一瞬一瞬の出来事に注目するところから始まります。注目して、面白がる。そして、そのシチュエーションを建設的な方向に持っていくことを考える。このスタンスを最近**「マインドフルネス・イン・アクション」**と呼んでいます。

■目の前の人に集中する

マインドフルネス・イン・アクションには、2つの条件があります。

1つめは、目の前にいる人にとにかく集中すること。僕は目の前の人と大切な話をするとき、スマホもパソコンも見ません。

前述したように、いきなりチームメンバーが泣き出すなど、わかりやすく相手が困っているシチュエーションはめったに起こりません(だからこそ、面白がれるわけですが)。

相手がどんな心理状態にあるのかを、注意深く探らなくてはいけません。

言葉で聞くだけでなく、相手の表情から読み取れる情報もたくさんあります。相手が緊張しているのか、そわそわしているのか、元気がないのか。表情以外に、相手の様子からも察知できます。

たとえば、口では「元気です」と言っているのに、表情を見るとなんだか浮かない顔をしている。そんな様子に気づくと、僕はポジティブな方向に持っていきたくなります。声を掛けずにはいられないのです。


「何かあったんですか？」

「ちょっと、疲れているんです」

「どうして疲れてしまったんですか？」

「実は仕事でこういうことがあって…」


困っていることを一緒に解決していくというより、話しながら相手のモヤモヤ感を解消するように心がけています。相手のモヤモヤに気づいて話を聞いてあげるだけでも、モヤモヤの多くは解消します。

2つめの条件は、自分のコンディションを整えておくことです。落ち着いて相手に集中するには、自分の体のコンディションにも敏感であるべきです。疲れている、眠いなどと感じたら、席を立ってお手洗いに行き、体を整える時間を作るのです。

深呼吸をして、相手に集中することを今の自分のミッションとして自覚する。それだけで、一瞬で気がみなぎってきます。

僕は、こうやって自分を立て直す時間をよく作ります。たとえば、イベントで進行が少しうまくいっていないと感じたとき。お手洗いで気持ちを落ち着けて、深呼吸し、今のミッションを再確認します。

■日本のマインドフルネスは、手段ではなく目的になってしまっている

僕のマインドフルネス・イン・アクションを形作ったのは、合気道の呼吸法と、グーグルで学んだマインドフルネスです。

今は日本でもマインドフルネスが浸透していますが、僕から見ると、瞑想やマインドフルネス自体が目的になっています。相手や状況に集中して、建設的な方向へ持っていくという視点が欠落しています。

よくあるマインドフルネスのセミナーは、みんなで体を整えて、瞑想をして終わり。何のための瞑想なのかを、誰も自覚していません。

僕は、マインドフルネスの関係者から、セミナーの登壇者として誘われることがあります。行ってみると、100名くらいの参加者が来ています。ずいぶん熱心だなと思って、質問してみると、みんな口々にこう答えます。

「○○先生のセミナーの雰囲気が大好きで、ここに来ると自分らしく生きられるんです」

そんな答えを聞くと、考え込んでしまいます。ここでしか自分らしく生きられないって何なんだろう、と。本来は、その人がどこに行っても自分らしく生きるためのマインドフルネスであるべきです。

偶然にどう反応するかで、次のチャンスに出会えるかが決まる

僕は偶然を大切にしています。偶然は、様々なチャンスを呼び込みます。たとえば、今この本を書いているのも、編集者から偶然にもたらされたチャンスです。

偶然にどう反応していくかによって、次の偶然のチャンスに出会えるかどうかが決まります。

偶然に反応するマインドは、日常の中で培われます。

先日、僕はある経営者と対談しました。対談場所として指定されたのは、とあるコワーキングスペース。初めて行く場所でした。

当日、指定された場所に出向くと、壁に「The most important time is now.」と書かれているのが目に入りました。

「今が一番大事」。なるほど、言われてみればその通り。思わず、対談相手の経営者に「面白いですね」と話しかけ、この言葉をバックに記念撮影をしてもらいました。

初めての場所に行ったら、「The most important time is now.」と書いてあるのを偶然目にした。話としては、たったそれだけのことです。

でも、偶然に反応すれば何か新しい展開が生まれます。僕の反応を見た誰かが面白そうな本を教えてくれるかもしれないし、誰かを紹介してくれるかもしれません。

あるいは著書のタイトルやセミナーのタイトルとして使うかもしれません。とにかく反応すれば何かが生まれます。

■リスケしてでも偶然を逃さない

偶然に反応するスタンスを、僕は「極端な実験主義」「極端な機会主義」といった言葉で表現しています。

人と1時間の約束で会っていて、予想以上に話が盛り上がったとき、僕は次の予定をリスケジュールして話し続けることがあります。もちろんリスケジュールで他人に迷惑を掛けるのは問題です。ただ、**日本人はリスケジュールを回避しようとしすぎです。**

スタッフとの定例打ち合わせなど、別に今日やらなくてもいい予定なら、リスケしてもっと価値のある機会を作ったほうがいいです。

「ピョートルさん、今日7時から面白いイベントがあるんですよ」

なんて言われたら、僕は結構すぐに反応してしまいます。次の予定は電話して仕切り直せばいいのですから。

よくあるのは、海外から来た人と仕事で会ったとき、その人に魅力を感じたら、一緒に夜ご飯を食べることです。

その人の夜のスケジュールが空いていれば、おいしい和食の店を紹介します。相手にもおいしい和食で喜んでもらえるし、僕も楽しい時間を過ごすことができる。偶然に反応すれば、すぐに楽しいイベントを作れます。

成功するかどうかを握る一番のカギ

僕が経営しているモティファイの「ワークフォース・テクノロジー」のプロジェクトで人材育成のお手伝いをしている会社の一つに、ＵＴグループという企業があります。ＵＴグループは、ブルーカラーワーカーを工場に派遣する業務を行っています。この会社が他の派遣業の会社と異なるのは、ブルーカラーワーカーが派遣社員ではなく、ＵＴグループの正社員であるということです。

ＵＴグループがチャレンジしていたのは、これからの時代に対応する人材をどう育てるかです。今後、間違いなく工場は自動化が進み、製造工程はどんどんロボット化されていきます。ロボット化された工場を管理するには、人間に求められるスキルも高度なものとなります。

必然的に、工場に勤務する社員の教育や社員自身の学ぶ意欲を向上させる必要が生じます。そのためのソリューションを提供して欲しいというのが、彼らのオファーでした。

そこで僕のパートナーのドリーが、実際に社員が働いている工場を訪ね、社員たちと話し、行動を観察することになったのです。

社員をインタビューしてわかってきたのは、彼らの多くが将来のキャリアを考えていないわけではないということでした。「今は工場で働いているけれども、将来的にはホワイトカラーワーカーになりたい」「いつかはエンジニアになりたい」など、キャリアアップを思い描いていたのです。

けれども、よくよく聞くと、具体的な計画に落とし込んで行動している人がほとんどいないこともわかりました。「何か具体的な勉強をしていますか？」と尋ねると、「特にしていません」と答える人がほとんど。つまり、目標設定をして、その目標に近づこうとはしていないのです。

これはブルーカラーワーカーに限った話ではなく、おそらくホワイトカラーワーカーの大半も似たり寄ったりではないでしょうか。将来は漠然と課長や部長になりたいと考えてはいても、それに向かって具体的に行動していない人が多い。

何も行動しないまま時間が過ぎていく。あなたはそれを恐れるべきです。

■行動力が境界線

今、働き方は各企業でどんどん柔軟な方向へとシフトしています。副業を認める企業も増えています。雇用形態も多様化しています。キャリアの描き方が自由かつ多様化している中で、計画をもとに行動しないのはリスクに直結します。

具体的に計画して行動している人が、どんどん自由な働き方を手に入れる。一方で、行動しない人たちのキャリアが閉ざされていく。そんな二極化に拍車がかかるはずです。

成功した起業家たちと話をしていると、みんな拍子抜けするくらい「普通の人」たちです。決して目立つタイプでもないし、カリスマ性を持っているわけでも、飛び抜けたアイディアを持っているわけでもない。けれども、彼らには圧倒的な行動力があります。ゼロから1を生み出すためのPDCAをとにかく繰り返して回しているのです。

成功した人たちをたくさん見るうちに、**結局は行動したかどうか、さらに言うとスピーディに行動したかどうか**が、成功を左右する一番のカギだと確信しました。

「楽しんで仕事した者勝ち」の世界がやってくる

前項で、UTグループで働くブルーカラーワーカーのキャリア観に言及しましたが、彼らの勤続年数と仕事内容の関係を調査すると、ユニークな事実がわかりました。

同じ工場で働いている人でも、**簡単な仕事をしている人ほど退職しやすく、難しくてスキルを試される仕事を任されている人たちほど長く仕事を続けている**ことがわかったのです。

このことからもわかるように、仕事は、頭を使って、自分が持つ能力を活かしている実感が持てるほうが望ましいです。簡単な仕事はすぐに飽きますが、頭と能力を使う仕事は飽きずに取り組めます。

でも、それはあくまでも最低条件。ホワイトカラーワーカーの多くは、頭と能力を活かす仕事に就いているので、長く働き続けることはできます。その代わり、単に生活の糧を得るための仕事になりがちなのです。

■仕事と趣味を横断して行動する

重要なのは、もっと高いレベルで仕事をすること。成長ができて、やりたいことを楽しみながら仕事にできるレベルが、理想的な働き方です。

たとえば僕は、製薬会社に勤めながら、演劇などの表現活動をしている女性を知っています。彼女の演劇との関わり方は本格的です。時折ニューヨークに出向き、現地の演劇関係者や著名なミュージシャン、映画監督らと交流をした結果、アメリカで舞台を主演。自らプロデュースユニットを立ち上げ、現在は役者・プロデューサーとして活動しながら、世の中にアートを広めるため、ウェブマガジンでインタビュー連載を持っています。

本業以外で成果を出すことで、仕事にも自信が生まれます。社内の働き方改革をボトムアップで進める重要性を感じ、業務外で女性活躍推進プロジェクトを立ち上げました。女性社員が集まるコミュニティを形成し、彼女たちのリアルな声を吸い上げ、経営陣とのミーティングに発展させることに成功。結果、人事最高責任者や社長にも応援され、働き方改革の重要な戦力として組み込まれることになりました。

これは、従来の「ビジネスマンの趣味」という枠組みを大きく逸脱しています。趣味に生きる人は、いつの時代にもいました。仕事は生きる糧を得るために時間を切り売りするものと考え、趣味の時間に自分の人生があるという生き方です。けれども、彼女は、趣味をビジネスに繋げ、趣味での学びをビジネスにフィードバックしています。

同様に、僕のチームメンバーだった人は、趣味のプログラミングを極めるためにグーグルを退社し、アメリカの大学院でＩＴを学び、独立をしようとしています。

今後、彼らのように、仕事や趣味というカテゴリを横断して「行動できる人」が活躍する場面がもっと増えていくはずです。まさに、楽しんで仕事をした者勝ちです。この流れに乗り遅れてはいけません。

■誰もやっていないことに取り組む

僕の知り合いの佐藤友理さんという記者は、日本の能を世界に広める活動を行っています。彼女はアメリカの大学で、能研究で修士号を取得。能のワークショップなどを開催し、相手の国籍を問わず能を紹介する取り組みを積極的に行っています。

能の謡《うたい》に取り組む人は一定数いますが、能を評論する人、特に英語で海外に向けて発信している人は非常に希少です。

つまり、**これから流行りそうな活動をするよりも、「誰もやっていないこと」「自分にしかできないこと」に取り組むべきです。**誰もやっていないことというのは、CANではなくWILLです。つまり「自分は何ができるか？」より「自分は何がやりたいか？」。「できる」は「やりたい」から生まれると思っています。

日本人の多くは、既存の価値や権威を重視します。その証拠に、就職活動をしている学生たちの多くは、スタートアップやNPOへの就職ではなく、大手企業への就職を希望しています。

でも、「就職しない」という選択肢もあるし、就職しない場合にどんな仕事があるのかを考えるところから、「誰もやっていないこと」へのチャレンジが始まります。

最先端のテクノロジーに関わったり、新しい製品を生み出したりするだけがすべてではありません。何らかの分野で評論家になる、ガイド役となるのも、ゼロから1を生み出す一つの道です。

■好きなことでマネタイズする

もう一例ご紹介しましょう。

やはり僕の知り合いに、グーグルを退社して、スタートアップで働いている若い女性がいます。彼女は、新卒でグーグルに入社し、「やりたいこと」を模索してキャリアカウンセリングなどを学んできました。

最終的に、ペットが大好きであるという事実に気づき、ペットの飼い主に向けたブログを書き始め、今ではペットをテーマにしたメディア活動を副業として収入を得ています。

趣味でも遊びでも、とことん突き詰めれば、マネタイズができる好例です。

グーグルの採用基準では「T字型人材」が必要とされていました。これは特定の分野を究め、その専門知識と経験、スキルの蓄積を自らの縦軸に据えつつ、さらにそれ以外の多様なジャンルについても幅広い知見を併せ持っている横軸を持つ人材のことです。

その後、「π型人材」という、専門知識を2つ持ち、視点を切り替えて考えることができる人材が必要とされました。

そして今は、「H型人材」の時代です。イノベーションを起こすためには、異なる専門性の掛け合わせが欠かせません。**H型人材は、強い専門性が一つあり、他の人の専門性と繋ぐ横棒を持ち、別の専門のコミュニティと繋がることでHになるという、人と繋がりやすい人材です。**

先ほどの女性はペットという専門性だけでなく、ブログという横棒で他の人と繋がることができたのでマネタイズできるようになったのです。

グーグルは、ユーザーファーストを標榜しています。ユーザーがどんな生活を送っていて、どんな趣味や楽しみを持っているかの情報を非常に重視しています。ですから、仕事時間の20％を、与えられた業務以外の好きなプロジェクトに使える「20％ルール」という文化がありますし、社内での「部活」も盛んです。

「趣味を部活にしたい」と提案しても、会社によっては応援してもらえるケースばかりではない。それはわかっています。でも、社員の幸せに繋がる活動ならば、受け入れられる余地もあります。あきらめないでやり方を模索して欲しいのです。

第 4 章

会議・チーム作りはアウトプットから逆算する

チームメンバーは固定させない

日本の職場で「チーム」というと、「営業第一課」など、職場内の固定化されたグループだと理解している人が大半です。

「生産性を上げるためには、チームのコミュニケーションを活性化して、風通しのいい職場を作る必要がある」

こういう文脈でチームを語るとき、メンバーとしてイメージされるのは、隣のデスクに座っているAさん、Bさんといった固有の存在です。

でも、僕にとってのチームは意味合いが異なります。**チームは固定化されたものではなく、流動性の高いコミュニティです。このコミュニティは、一つのプロジェクトによって生み出され、プロジェクトの終了とともに解消します。**

僕のチーム観の念頭にあるのは、グーグルで体験したプロジェクトの数々です。グーグルは、ピラミッド型の縦割り組織ではなく、プロジェクトごとに人が集合しては解散を繰り返す組織でした。

誰かがリーダーとしてプロジェクトを立ち上げると、そこに興味を持った人が自然発生的に集まってきます。魅力のあるリーダー、魅力のあるプロジェクトには大勢の人が集まります。それだけ人的資源も豊富ですから、大きな成果を生み出す可能性も高まります。プロジェクトがスタートしてからも、途中でメンバーが入ったり抜けたりしながら一つのゴールを目指す。そういう流動的なチーム作りが、今後増えていくはずです。

■「専門スキルがあるのに成果が出ないリーダー」に足りないもの

従来のチームでは、リーダーとチームの仕事の内容が一致しているのが前提でした。営業畑でキャリアを積み、営業に精通している人が、営業第一課のリーダーである営業第一課長になる、という具合です。

でも、これからの時代、ゼロから1の価値を出すためには、リーダーにとって専門外の分野でプロジェクトを立ち上げる力が求められます。そこではリーダーが専門外の分野に精通する必要はなく、「いかにエキスパートをチームに迎え入れて成果を出すか」が問われます。

僕のグーグル時代の元チームメンバーは、グーグルで働きながら2、3の会社を立ち上げていました。その1社では、法律の契約文書の作成を自動化する事業を行っていました。彼自身は法律の専門家ではないため、専門家である弁護士をチームに迎え入れて、契約書のフォームなどを設計していました。

このように、リーダーの専門スキルとプロジェクトの内容が必ずしも一致しないケースが当たり前になっているのです。先ほどの「H型人材」のように、専門スキルよりも人と繋がる力、人を巻き込む力が必要なのです。

■コミュニケーションを甘く見てはいけない

僕もグーグルから独立後、様々なプロジェクトを立ち上げました。プロジェクトによっては、それほど深く知らない分野の人を呼び入れ、参加してもらっています。

たとえば今経営しているモティファイでは、HRテクノロジーやデータを用いた独自のサービスを提供しています。ただし、僕自身はエンジニアではないですし、プログラミングの技術も持っていません。

そこで、ビジネスパートナーがプロダクトマネージャーとなり、彼がデザインしたものをエンジニアが形にするスタイルでサービスを提供しています。

ここで重要なのは、お互いに必要な情報を交換するためのコミュニケーションです。**プロジェクトはお互いの得意分野を持ち寄って、それを活かして一つの形にする作業です。**だから、コミュニケーション不全は死活問題です。

自分の専門とは異なるスキルを持つメンバーに、必要な情報をどのようなフォーマットで伝えるか。それを早く身につける必要があるのです。

■アウトプット重視で会議するグーグルのやり方

コミュニケーションには様々な段階があります。特にその段階を感じるのは、ネット会議を行う際です。

ネット会議では大抵浅い連絡事項の確認で終わります。回線を挟むと、どうも深い話がうまくできない場合が多いです。その理由は、物を考える時間を、直接会っている場合には負担に感じないけれど、回線を通すと不快に感じてしまい、場が耐えられなくなってしまうためではと考えています。なので、**自分がどのレベルでコミュニケーションをしたいのかを考え、時には時間とお金をかけてでも、直接会って会議を行ったほうがいい**です。

グーグルでも、重要なプロジェクトを進めるときは、合宿などを行い、メンバー間のコミュニケーションを深めていました。僕も、プロジェクトのスタッフと長時間にわたって会議を行い、深い対話を行った経験があります。

とはいえ、ただ長時間一緒に過ごしたり、雑談したりすればよいわけではありません。合宿や会議では、アウトプット重視のコミュニケーションが重要です。

それには、目指すアウトプットから逆算したインプットが不可欠です。

たとえば、新しくウェブサイトを作る場合、漠然と「どんなウェブサイトにしようか？」などとは話しません。

「今日は皆さんとウェブサイトのコンセプトを決めたいです。そこで3つの見本を持ってきました。皆さんのご意見を伺いたいです」

このように、**材料を提示して意見を求めたり、改善のアドバイスを受けたりする。**そうすれば結果は格段に出やすくなります。

ポイントは、目指しているゴールを明確にし、それに向かってPDCAを早く回す作業です。アウトプットを重視したコミュニケーションのもと、プロトタイプを作成し、どんどん改善していきます。**アウトプットが見えないまま会議を進めるのは最悪です。**

会議の過程で、チームに専門性や知識が不足していると判明したならば、新たにメンバーを招集したり、他チームからリソースの提供を受けたりする。リーダーにはその素早い決断が求められるのです。

コミュニケーション能力の評価基準は「相手が行動してくれたか」のみ

もう少しコミュニケーションについて掘り下げます。

日本の企業で、求める人材像を人事担当者に問うと、「コミュニケーション能力」という答えが返ってきます。もう耳にタコができるほど聞きました。

では、そもそもコミュニケーション能力とは、いったいどのようなスキルを意味するのか。

「他人と上手に会話のキャッチボールを行う能力」

「その場の空気を読んで、適切な行動を取る能力」

「会議などで自分の意見をきちんと主張する能力」

一言で「コミュニケーション能力」と言っても、様々な側面があります。コミュニケーション能力の定義からスタートすると、人によって答えはバラバラです。

僕は、もっと単純にコミュニケーション能力を捉えています。**コミュニケーション能力は、結果で評価されるものである。**これが唯一にして絶対の原則です。

「結果」とは、簡単に言えば人が動いてくれたかどうか。

僕は、これまでの人生で様々な人たちとコミュニケーションを取ってきました。振り返ってみると、コミュニケーションの意義を実感できたのは、相手が動いてくれたときでした。

たとえば、僕の著書を読んで「とても面白かったです」と褒められるのは嬉しい。ですが、本音を言えば、何か一つでも僕の言葉をもとに行動して欲しいのです。

「ピョートルさんの言うことは、不愉快だし納得できない部分もある。でも、これに関してはその通りだと思うので、やってみます」

多少不穏な空気が生じたとしても、そう言われたほうが断然嬉しいです。

■自分と相手の言い分を近づける

僕たちがコミュニケーションの中でやりとりしている情報は、「自分が言いたいこと」と「相手が聞きたいこと」に分かれます。

どちらを優先させてもコミュニケーションは失敗します。両者が完全に一致しないまでも、近づける努力をしない限り、人を動かすのは不可能です。

著書を執筆するときにも、「自分が言いたいこと」と「相手が聞きたいこと」の折り合いを強く意識しています。特に、僕は日本語のネイティブではありません。編集者から、「この事例を出しても、日本人にはわかりにくいですよ」と指摘を受けることがあります。見た目にはダメ出しですが、貴重な助言です。ゴールは読者に行動してもらうことだからです。

根本的に、自分の伝えたいメッセージが伝われば、表現は多少変更させてもいい。言ってみれば、食べやすくするために調味料で味付けするようなもの。

何度でも繰り返しますが、**相手が行動して初めてコミュニケーションが成立するのです。**

リーダーは、まずこのことを知るべきでしょう。

「リーダーシップ」はメンバー全員が持つべき「スキル」

これまでリーダーは、部長、課長、マネージャーなどの肩書きと同一視されてきました。けれども、実際にそうした肩書きを持つ人が、リーダーシップを発揮しているとは限りません。むしろリーダーシップは、肩書きとは別物と捉えるべきです。

リーダーシップは、肩書きやキャリアにかかわらず、メンバー全員が持つべきスキルです。チームが流動的になるのに伴い、リーダーもまた流動的な役割となっているからです（詳しくは『0秒リーダーシップ』〈すばる舎〉をご参照ください）。

グーグルを例に挙げれば、プロダクトマネージャーやプログラムマネージャーといった役割を担っている人たちがいます。

プロダクトマネージャーは、製品のイメージと開発の運営を行うリーダー。製品のイメージを実際に形作るのはＵＸ（User Experience）デザイナーと呼ばれる人たちです。Ｕ

Xデザイナーが規格をデザインし、プログラマーがプログラミングを担います。

つまり、プロダクトマネージャーは、UXデザインチーム、プログラミングチームを束ねる役割を果たしているわけです。

一方、プログラムマネージャーには、各種のプロジェクトをすりあわせる役割がありま す。営業管理チームであれば、CRM（顧客関係管理）の改善プロジェクト、マーケティングプロジェクトなどがあり、それらを横断的に統括します。

ここで面白いのは、プロダクトマネージャーやプログラムマネージャーは、常にプロジェクトのリーダーをしているのではなく、プロジェクトのメンバーの一人として動く場合もあるということ。

プロジェクトに応じて、リーダーとプレイヤーとしての立場を使い分けているのです。

■「プロセスを改善するスキル」の価値が高まっていく

新入社員にもリーダーシップを発揮できる機会は十二分にあります。

今後オフィス内で自動化が進めば、単純作業はどんどんAIに代替されていきます。そうなると、同じ作業を正確に継続するスキルよりも、仕事のプロセスのどこに問題があるのか、どうすればもっと良くなるのかを考えることができ、実際に改善するスキルの価値が高まります。

改善プロジェクトや開発プロジェクトの数は、これまでと比較できないくらいに増加するはずです。その中では、役職にかかわらず、新しいプロセスに向けてプロジェクトを主導できる人が評価されます。

先日、僕はネットメディアで仕事をしている女性とお話をする機会がありました。彼女は入社直後は、上司に言われるままに記事を作成する仕事をこなしていたと言います。1ヵ月に作成しなくてはならない記事のノルマがあり、それをこなすのに忙殺されていました。

しかし、ネット環境や社内の働き方が変化してきたこともあり、現在では、執筆作業はフリーランスのライターに依頼し、それを彼女が編集していく形へと、仕事の有り方が変容してきました。

以前自分がやっていた仕事をいかにアウトソーシングできるか、自動化していけるか、などが彼女の仕事におけるテーマになってきたのです。

自動化やアウトソーシング化を進めることで、生産性が高まる。それが彼女の評価と直結します。

そうやって仕事のプロセスを変えられる人がリーダーとなり、彼らが改善しようと働きかける行為こそがリーダーシップなのです。

■「一番できる人がリーダー」の時代は終わりつつある

僕がサポートした方に、クラウドソーシング翻訳サービスＧｅｎｇｏの経営をしている人がいます。Ｇｅｎｇｏは東京を本拠地とするスタートアップ。社員の６割程度を外国人が占めており、シリコンバレーにもオフィスがあります。

このサービスを利用すると、オンラインで翻訳を依頼することができ、一冊の本を複数の翻訳者に分けることで翻訳のスピードを上げることも可能です。

翻訳者と的確に意思疎通を行い、モチベーションを維持する役割を担う人材を、日本ではなくフィリピンで雇用して、コストを削減しています。これから日本で外国人が増え、英語を社内公用語とする企業が増えると、翻訳の仕事はますますアウトソーシング化されるため、非常に成長の可能性がある事業です。

グーグルのようなグローバル企業では、すでにフィリピンなどに事業所を置き、経理作業などをアウトソーシングしています。

こういった傾向が加速すると、人を管理したりリードしたりするスキルが重要となります。ただ与えられた仕事をこなし、一番できる人がリーダーではなく、自分でアウトプットの目標を定め、それに向かってプロジェクトマネジメントする力がリーダーシップとなるのです。

■シャイな人も多いグーグルのリーダー

グーグルでは、私がそれまで出会ってきたリーダーとはまったく異なるタイプのリーダーたちに出会いました。

特にエンジニアのリーダーには、シャイで、目を合わせながら話もできないような、コミュニケーション下手なタイプが多くいました。

自己アピールのスキルはないに等しいのですが、技術的なスキルでは他を圧倒している。そんな人が、能力を認められ、リーダーに抜擢される仕組みがある。これこそグーグルの魅力の一つであり、底力の一端です。

リーダーになる過程では研修も受けますが、決して皆を引っ張っていくタイプのリーダーが求められていたわけではありません。

グーグルでは1万人以上の社員が参加した調査結果を解析し、「その人がいたほうが組織全体のパフォーマンスが高まるリーダー像」というものを導き出しています。具体的には、以下のようなものでした。

・チームを勢いづけ、マイクロマネジメントをしない
・チームメンバーが健康で過ごし、成果を挙げることに関心を払う
・生産的かつ成果主義である
・チームの良き聞き手であり、コミュニケーションを活発に取る
・チームメンバーのキャリア形成を手助けする
・明確なビジョンと戦略を持つ
・チームにアドバイスできる技術的な専門知識を持つ
・（エンジニアリングチームにおいて）専門知識を持った良いコーチである

理想的なリーダーのポイントをまとめると、**チームのために場作りができ、個々人のポテンシャルを最大限に発揮して、結果を生み出すこと。周りの人たちと建設的な人間関係を構築できることです。**

ですから、シャイな人は、シャイなままでリーダーになっていましたし、実際に有能なリーダーとして機能していました。今後日本の企業でも、グーグルで僕が出会ったようなタイプのリーダーが増えるはずです。

日本女性は世界に通用するリーダーシップを持っている

ハッキリ申し上げれば、日本はまだまだ男社会です。特に日系の大企業は顕著です。役員や部長クラスの顔を見ればすぐにわかりますよね。**未だにオールド思考のオジサンばかりです。**

政府がいくら2020年までに女性管理職比率を30％にすると目標を掲げて動いても、そのオジサンたちに変わる気が全然ないから、日本は依然として男社会なのです。

男社会が変わらないのは、インセンティブがないからでしょう。日本の大企業の中で数十年頑張ってやっと肘掛けつきのイスに座ったまま何もしなくてもいいポジションにたどり着いた男性たちは、「女性社員と一緒に働くメリットがない」と思っています。というのも、彼らには、女性と一緒に働いてうまく成果を出した経験が一度もないからです。だから、今さら一緒に働けって言われても……と腰が重くて動こうとしません。

さらに、実際に仕事ができる女性とオジサンが一緒に働こうとすると摩擦が起きます。異質なものが一緒に仕事をすれば、摩擦が起きて一時的に生産性が下がるのは当たり前です。

でも、日本人は摩擦が少しでも起こるとすぐに逃げ出してしまいます。本来なら、その**摩擦を乗り越えて土台ができたときに、生産性は一気にアップするのに、その手前で止まってしまっている。**皆めんどくさがって、前に進まないのです。

つい最近も、とある大手企業の若手女性社員からこんな話を聞きました。社内プロジェクトとして新しいアイディアを男性のリーダーに提案したら、「誰もやったことがないことをやるな」と言われた、と。

イノベーションを起こしたいとトップは口を揃えているけれど、「新しいことはやるな」というのがオールド思考オジサンの本音です。

そんなふうに、組織の中ではオールド思考オジサンが未だに権力を握っています。でも、僕は日本の女性のリーダーシップに大いに期待しています。

日本の女性は「空気を読むこと」と「人を立てること」を知っています。女性が人を立てるというと、男性にへつらう様子をイメージするかもしれません。でも、そうではないです。

本物のリーダーシップは、相手が心地よくなるように親切にすること。気持ちを察して気配りをすることです。その結果、周りが恩返しをしようと頑張って働いてくれます。

誰も気づいていないけれど、このスキルは世界で通用するリーダーシップと完全に重なります。その意味で、日本の女性は世界的に見ても「最強の生きもの」なのです。

アウトプットに不要なメンバーは会議に呼ばない

リーダーシップは、その場での影響力の行使によって発揮されます。たとえば、プロジェクトのリーダーである僕が、やむを得ない事情で会議に10分遅れて参加することになったとします。

従来のチームであれば、「リーダーが来ないと会議にならないから、ピョートルを待とう」と言うかもしれません。一方、リーダーシップがメンバー全員のものだと自覚しているチームは、10分の待ち時間を惜しむはずです。

「10分待っている時間がムダだから、その間に◯◯の案件について議論を進めよう」

このように、僕が不在でも支障がない案件について会議を始めるに違いありません。ここで議論を主導した人は、リーダーシップを発揮しています。

僕も、時と場合によって自分以外の人に会議のファシリテーターをお願いしています。

議題に応じて、一番ふさわしい人をリーダーにすればよいのです。

グーグルでは、チームミーティングの際、ファシリテーターを交代で務める仕組みを採用していました。ファシリテーター、ノートキーパー、タイムキーパーといった役割を順番にローテーションしながら、チーム内で全員がリーダーとなるきっかけを作っていたのです。

■全員参加、全員賛成に何の意味があるのか?

そもそも会議のメンバー自体を固定化することに意味がなくなっています。**会議のメンバーはアウトプット重視で決めるべきです。**

会議のアジェンダから逆算すれば、必要な参加者は自ずと絞られます。アジェンダが変われば、参加メンバーも変わります。

日本の企業では、会議への全員参加が原則です。僕自身、日本企業とのプロジェクトで、不必要と思える会議に呼ばれた経験が何度もあります。また、明らかに不要と思われるメンバーが参加しているのを頻繁に見てきました。どう考えても3人いれば十分なのに、10人近くの参加者がいるのです。

「どうして、あそこに座っている人たちは会議中に何も発言しないのだろう。会議に何の貢献もしていないじゃないか……」

心から不思議でならないのですが、周りの人たちが違和感を持っている様子はありません。好意的に解釈すれば、打ち合わせのあとに細かい実作業を行うのが、会議中に沈黙していた彼らなのかもしれません。でも、そうであるならば、あとで議事録などをもとに情報共有を行えば、時間のムダを回避できるはずです。**シリコンバレーなら、発言しない人は次の会議に誘われない場合が多いです。**


何でも全員参加で話し合い、全員の合意を得ることを重視する。これでは時間を費やすばかりでプロジェクトが前進しません。

これからの時代は実に多様な意見があるので、実は全員一致というのはありえないかもしれませんし、全員が一致できるようなテーマはそれ自体が手遅れでやる意味がないことさえあります。情報共有は、毎週定例のミーティングや1on1ミーティングを設定すれば十分にまかなえます。

これからは、必要最小限の人たちでプロジェクトの骨格を話し合い、とにかくプロトタイプをアウトプットするやり方が主流となります。それをレビューしてから、必要に応じてメンバーを入れ替えつつ、議論を深めていく手法です。すでに進んでいる企業では、それが常識になっています。

「質の高い質問」から雑談を始めてメンバーの価値観を知る

先ほど、1on1ミーティングに言及したので、ここでちょっと説明しておきます。

グーグルで1on1ミーティングは、個人とチームの「OKR」を高めるために行われます。OKRとは「Objectives and Key Results（目標と結果）」のこと。ただし、チームの全員が同じ目標を持つわけでなく、一人ひとり異なっています。

「あなたのOKRはなんですか？」

これは、リーダーがチームメンバーに問いかけるだけではありません。社長もリーダーもOKRを問われます。いつも自分のOKRを説明しているので、誰もが強く意識しています。

チームメンバーのOKRを設定するとき、リーダーは一人ひとりの信念や価値観を知らないと始まりません。そこで行っているのが「質の高い雑談」です。

たとえば、食事中のこんな会話があります。


「今日もお魚食べてるね。好きなの？」

「そうなんです」

「どうして魚好きなの？」

「日本海の近くで育ったので。だから、美味しいお魚には詳しいんです」


ささいな雑談から、育った環境や好みといった情報が得られます。ささいな情報はいつか役立ちます。だから、雑談の機会をムダにしないでください。


「昨日サッカー日本代表勝ちましたね」

「そうだね。良かったね」


これではただの雑談であり、何の展開も生まれません。「雑談をしていると生産性が下がる」というのは、意味のないおしゃべりだからです。

「どうしてサッカーが好きなの？」「いつから好きになったの？」「お気に入りのチームっ

てあるの？」などと質問を重ねれば、信念や価値観に関わる何かを聞き出せるかもしれません。だからどんどん聞き出しましょう。要は、**質の高い雑談を支えるのは、質の高い質問なのです。**

といっても、急に根掘り葉掘り質問されても戸惑いますよね？　気持ち悪いですよね？　だから、**まずはマネージャーから「自己開示」を行うのです。**

「日曜日に家族でキャンプしたんだけど、雨は降るし滑って転ぶし散々だったよ。子どもが喜ぶと思ったんだけど」

なんて話しかければ、

「お子さん何歳でしたっけ？」

「キャンプってどこですか？　僕もバーベキュー好きなんです」

などと話してくれそうです。

お互いの関係性が温まっていれば、もっと直接的に信念や価値観を引き出せます。

「君にとって、今取り組んでいる仕事はどんな意味があるかな？」

「あなたが目指しているビジョンって、どんなもの？」

1on1ミーティングの場では、こうした質問を繰り返し投げかけます。そうやってOKRをブラッシュアップしていくのです。

■優れたリーダーは質問「しか」しない

グーグルの中で、自動運転カーなどの優れてイノベーティブな製品を開発している子会社「X」のリーダーは、チームメンバーのプレゼンに対して質問「しか」しません。

しかも、「それって本当にうまくいくのか？」「実現する根拠はなんだ？」なんてやる気をなくすような質問とは違います。

「予算や納期などの制限がなかったら？」

「10倍のリソースがあれば？」

など、可能性を最大限に広げるような質問を投げかけるのです。

1on1ミーティングの場と同じように、チームメンバーは本音で熱く語ります。だからリーダーが想定する答えに着地させるのではなく、相乗効果で良いアイディアを導き出せるのです。

実は、**質の高い質問は、チームメンバーがミスを犯したときにも有効です。**

ミスが起きたとき、「何をやっているんだ」「そんなことをしているからミスをするんだ」と否定していたら、チームメンバーのやる気はなくなる一方です。というか、次からミスを隠そうとします。

そこで、チームメンバーに足りなかった点があれば「もう少し説明してくれない？」「具体的にどうすれば良かったと思う？」「私だったらこういうやり方もあったと思うけど、どう？」と質問します。

さて、リーダーであるあなたは、１on１ミーティングでメンバーに何を質問しますか？「１on１ミーティング」という制度がなくても、質問の機会は腐るほどあります。ぜひどんどん質問してください。

僕がフェイスブックで260名の声を聞いてわかったのが、実に3人に1人が「上司に本音を言うべきではない」と考えているという驚きの実態です。つまり3人に1人は上司を信頼していないのです。

また、「部署内の部長とメンバー」に38％、「部署内の課長とメンバー」に33％の人がコミュニーションの課題を感じているという結果も出ています。

グーグルの社内働きがいサーベイには、「My manager treats me as a person.（私の上司は自分を一人の人間として見てくれる）」という項目があります。あなたのチームメンバーは「とてもそう思う」を選択してくれそうですか？　そうでないとしたら、どんなことから始めればいいでしょうか？

会議は1回ですべてを終わらせる!

意外かもしれないですが、グーグルは小さなミーティングが結構多い会社です。社内には共有スペースとか、テーブルやカフェテリアなど、会話できるスペースがふんだんにあります。

なぜミーティングをするのか。答えは簡単、そのほうが効率的だからです。

「IT系の企業はメールで意思疎通をしている」というのは大間違いです。メールでいちいちやりとりしていたら、意思の疎通ができずに仕事が停滞します。だから、「今ちょっといい?」と呼びかけて、4~5人が集まって、要件だけ話し合い、すぐに問題解決をしてしまいます。

ミーティング後、誰かが報告書をまとめたり、打ち合わせた内容をもとに企画書を作る。これは普通の段取りだと思うかもしれないですが、グーグルではやっていません。

ミーティングの後にいちいち作業をする時間も、作った書類を参加者で確認していく時間も、もったいないからです。

だったらミーティング中にすべて終わらせてしまえばいい。**議事録や資料は、クラウド上のグーグルドキュメントに全員が同時に書き込みます。**そうすれば、ミーティング終了時には資料ができあがっています。

プロジェクトを進めるときも同様です。作成した書類をグーグルドキュメントで共有し、メンバー各自が締め切りまでに必要な修正・コメントを入れます。

ありがちなのが、メールで管理するやり方。プロジェクトメンバーがワードやパワーポイントで書類を作成し、メールでリーダーに送る。リーダーはコメントを付けてメンバーに送り返す。これだと管理もややこしく、時間のロスも生じてしまう。

クラウドで文書を管理すれば、一発で問題解消します。

■情報はリアルタイムで共有すべき

対面でないコミュニケーションでも時間のロスを減らすべきです。

グーグルではほとんどメールを使いません。メールを送って確認してもらうとき、返信を待つ間、なんとなくストレスを感じますよね？　第一、それを複数の人に繰り返していたら、時間がいくらあっても足りません。仕事全体が後ろへとずれていくばかり。これでは、スピード感のある働き方は不可能です。

メールは「持ち帰る文化」を助長します。いったん持ち帰って、検討してから返事をする。これでは昔からある日本的な働き方と全然変わっていません。

では、メンバーが一斉に交信する**オンラインチャット**ならどうでしょうか？　リアルタイムで意見交換をしつつ、情報をとりまとめできます。何日もかかって結論を出していたようなことでも、一度でクリアできます。

しかも、オンラインなら誰がどこにいても繋がることができます。海外出張している人、在宅勤務の人ともリアルタイムでプロジェクトを進められます。

僕の周囲にもＬＩＮＥやフェイスブックを使っている経営者が増えています。この手のツールは山ほどあるのですから、活用しない手はありません。

皆で一度に結論を出せば、仕事は10分の１の時間で終わります。浮いた時間は、残りの別の有意義な仕事に使えます。成果を出す企業はそうやって仕事をしています。

イノベーションを生み出すチームの条件

イノベーションを生み出すチームの条件をいくつか考えてみましょう。

まず、前提として重要なのは**「ボトムライン」**です。ボトムラインとは、メンバーに支給される給与や福利厚生、オフィスに配備されたパソコンなどの環境全般のこと。

次に重要なのが、**「情報の見える化」**です。情報が共有されずに属人化されると、一部の人に疎外感が生まれるからです。

メンバーが仕事に意義を見つけ、仕事に誇りを持っていることも不可欠です。仕事に意義を感じないまま取り組んでも、決して良い結果には繋がりません。結果を喜ぶこともできません。

経理の仕事を例に挙げると、「自分は毎日エクセルで数字を管理しているだけ」と認識している人より、「会社にとって大事なお金の管理をしている」という動機付けを持っている人のほうがはるかに生産性の高い仕事をします。

■心理的安全性とラーニングアジリティ

次に挙げたいのが、**「心理的安全性」**です。

心理的安全性とは、誰でも自分らしくチームに帰属できるという実感のこと。なぜ、心理的安全性を重視するかというと、イノベーションにはダイバーシティが不可欠だからです。

多様性とは、女性や外国人の数を物理的に増やすこととは違います。重要なのは、「思考のダイバーシティ」です。僕は、チームの構成員が男性か女性か、外国人かといったことにこだわりがないです。バランスを取ることにも興味がありません。

属性は不問ですが、思考は多様性があるのが理想です。ただ、思考が多様化すると、メンバー間での違いを意識せざるを得ない場面が度々生じます。

特に、価値観、信念、好みの違いは衝突しやすかったり、蔑視されやすかったりするので、心理的安全性が担保されるべきです。

たとえば僕自身はほとんど宗教を信じていません。けれども、一緒に働く人の宗教観は尊重しています。知らないうちに誰かの宗教観を傷つけていないかに注意もしています。仮にチームにイスラム教徒がいたとしたら、「今から礼拝をしにいきます」と安心して言える環境を作るつもりです。

日本人にとって、自分の価値観や信念とは異なる人と一緒に働く状況は、馴染みが少なかったかもしれません。けれども、グーグルではもはや当たり前。異なる思想、宗教を持つ人が同じチームで働いています。

メンバー一人ひとりが新しい価値を学び、生んでいるという実感も重要です。一つのキーワードとなるのが「**ラーニングアジリティ**」（Learning Agility：学習機敏性）です。経験からいち早く学んで、新しい環境のもとで学びを活かして成果を出す能力を意味します。やみくもに学ぶのではなく、成長意欲を持って学ぶことに意味があります。

■良いチームは、やっていることがどんどん変わる

オールドタイプの日本企業では、新卒で入社した社員が、営業や経理といった特定の部署に配属され、コツコツと仕事をしながら専門的なスキルを高めていきます。彼らはキャ

リアを積めば積むほど、営業や経理以外の仕事に関わるというイメージを持ちにくくなります。

一方で、スタートアップのチームは、一つひとつまったく異なるアウトプットを目標に掲げ、スピード感を重視して実行していきます。新卒のメンバーもいろいろな仕事を任されます。チームの内外を問わず、多くの人を巻き込みながら新しい価値を生み出していきます。

メンバーの一人ひとりはオープンマインドの持ち主ですから、転換が多く、チームが1年後にどんなことをしているか誰にも予想がつかないくらいです。

僕は独立して2年が経過しましたが、独立当初とは取り組む仕事の内容が大きく変わりました。2年前は本を出版するなど想像もしませんでしたし、会社を起こすことも考えてもみませんでした。

転換しやすいチームのメンバーは、**自己効力感**（セルフエフィカシー）が高い傾向があります。自己効力感とは、「自分がある状況において必要な行動をうまく取れる」という可能性の認知のこと。もっと平たく言えば「自分にはできる」という意識です。

■社員に自己効力感を持たせるグーグルの手法

グーグルには、社員の自己効力感を高める手法に基づいた社風と制度があります。一つがG2G（グーグラーtoグーグラー）というものです。要は、社員同士が教え合う制度です。人は自分が知っている情報・やり方を他人に教えることで、「自分はできる人間だ」という効力感を高めます。

サーチ・インサイド・ユアセルフという、マインドフルネスに基づくプログラムも有名です。これは心の知能指数（Emotional Intelligence）における「5つの要素＝自己認識・自己制御・モチベーション・共感・コミュニケーション」を強化するプログラムです。

グーグルでは、ベストプラクティスや成功事例をシェアしていくことも重視します。

2012年にオーストリア出身のスカイダイバーであるフェリックス・バウムガートナーさんが、高度12万フィート（約3万6500メートル）を超える高さの成層圏からフリーフォール・ジャンプを行い、スカイダイビングの高度記録（当時）を樹立したことがありました。当時、グーグルはユーチューブでライブストリーミングをしていて、社員がそれをライブで見守っていました。

こういう事例を日常的にシェアしていくうちに「グーグルってこんなすごいことができるんだ」と体感し、仕事に対するワクワク感が確実に高まります。イノベーションを起こすチームは、メンバー同士で自己効力感を高め合っているのです。

上司の顔色を見ながら働く日系企業の弱さ

僕が日本で働き始めて驚いたのは、日系企業の社員が上司の顔色を見ながら働いていることです。その原因として、タイムリーなフィードバックをもらえないから自信がないことや、目の前のことに集中しすぎて未来を見ていない点が挙げられます。

先ほど、イノベーションを生み出すチームのメンバーには自己効力感があると書きました。自己効力感を生み出す基礎となるのは、以下であるとされています。

1. 達成経験

最も重要な要因で、自分自身が何かを達成したり、成功したりした経験。

多くの日系企業の社員が責任を持たず、大きな仕事を任せられていません。グーグルの場合、Moonshot《ムーンショット》（アポロ計画の月面着陸のこと。自立装甲車やグーグルグラスなど大きなプロジェクトを指す）や10ｘのゴール設定（10倍の目標設定をすること）で、いつも「ストレッチゴール」を持たせています。

あなたも、自分の今の役割範囲より大きな達成経験を積極的に作りましょう。

2．代理経験

自分以外の他人が何かを達成・成功したところを観察すること。

日系企業では、成功事例がシェアされていません。メンターリングもしっかりされていないです。グーグルにはＴＧＩＦの全社ミーティング（217ページ）やＧ2Ｇの仕組みなどがあります。すごいことはすぐ噂になります。

ぜひ積極的に周りの成功者と接して、メンターを探すことをおすすめします。

3．言語的説得

自分に能力があることを言語的に説明されること、言語的な励まし。

日系企業でフィードバックはタイムリーではないし、コーチングが少ないです。グーグルにはフォーマルな評価の仕組みの他に、インフォーマルなリアルタイムフィードバックの仕組み（フィードバックをオンライン上ですぐにシェアしたり、求めたりできるシステム）があります。

4. 想像的体験

自己や他者の成功経験を想像すること。

多くの日系企業の従業員は、目の前のタスクに集中させられます。グーグルではレイ・カーツワイルなど未来予測や発明をする人たちが働いていたり、いろいろな分野で優れた結果を出している人たちに外部から講演しに来てもらっていたり、想像的体験をする機会がいっぱいあります。

これらはすべてグーグルだからできるんでしょ、と思われたかもしれませんが、そんなことはありません。大きな目標は自分一人で立てられるし、成功した同僚に話を聞くこと、フィードバックをすぐにもらうことは、お願いすればいいだけです。未来についての講演の動画はいくらでもネットに上がっていますし、書籍も出ています。

騙されたと思ってでも実行してみる人が、結果を出す人です。ぜひ、自己効力感のもととなる体験の機会を自ら作り、パフォーマンスを上げていきましょう。一度やってみると楽しくなって、きっとまたやりたくなるはずです。

ダメなチームの原因は上司の褒め方にある

ダメな企業のリーダーに共通するスタンスは何だと思いますか？

答えは、社員を性悪説で見ている点です。

「ウチの社員は使えない奴ばっかり」

「やる気がないからどうにもならない」

「もっと有能な人を配置してほしいよ」

しまいには、「ピョートルさん、なんとかしてくださいよ」と泣きついてくる人までいます。

僕に言わせれば、こんなことを言っている上司はダメです。ハッキリ言って辞めてもらったほうがいいです。チームメンバーと信頼関係が全然できていないのは明らかです。

こういうリーダーには、チームメンバーから情報が上がってきません。まるで裸の王様です。そして、現場を知らないまま自分のやり方を押しつけようとする。当然うまくいかずイライラする、チームメンバーを信頼しても意味がないと考える……。リーダー以前に、もはや人としてあり得ません。

こんなリーダーの下で働くチームメンバーは気の毒です。泣きつきたいのは彼らのほうです。彼らはリーダーのことを恐れ、萎縮します。「余計なことを言って怒られるのはごめんだ」と、チームメンバー同士でも情報共有をしなくなります。特にネガティブな情報ほど一人で抱えようとします。

仕事面では、結果を残したときしかリーダーに評価されない。だから、リスクを取ったチャレンジができなくなる。失敗を恐れて何も行動しなくなる。ブラック企業の「あるあるパターン」です。

そんな環境でいい仕事なんてできるわけがありません。

「もっとイノベーティブな仕事をして、生産性を上げろ」と言われても、押しつけでうまくいくなら、どの企業だって成功しているはずです。

■子どもを叱っても成績が伸びないのと同じ

問題の根底にあるのはコミュニケーション不足です。

イケてる会社は、一人ひとりが生き生きしています。リーダーとチームメンバーの間、同僚の間に信頼関係ができています。「新しいアイディアを出したい」「楽しく仕事をしたい」雰囲気が満ちているのです。

こうした職場では、コミュニケーションが取れています。

ちょっと考えればわかります。温かいコミュニケーションが取れていれば皆と仕事をするのが楽しい。会社だからピンチに直面することもあるけど、信頼関係があれば、一緒に乗り切ろうと頑張れるからです。

では、信頼関係を作るためのコミュニケーションのカギとは何でしょう？

それは、**努力を褒めること**です。

テストで20点だった子どもに「なんでこんなに成績が悪いの？　ちゃんと勉強しなさい！」と叱っても成績は伸びない。これはなんとなく想像がつくはずです。

では、次のように声をかけたらどうでしょう。

「20点取れたんだ。すごいよ。今度は30点取れるように頑張ってみようか。そのためにどうすればいいと思う？」

そして30点を取れたら、こう言うのです。

「努力した結果だね。じゃあ、次は35点を目指そうよ」


こうやって努力を褒めると、実際に子どもの成績が伸びるというデータがあるそうです。**成績が伸びるのは、自分が信頼されているのを自覚できるから。**誰でも、尊重され、信頼されれば力を発揮しようという気になる訳です。

■チームメンバーの価値観を聞き出そう

会社もまったく同じです。成績が伸びない人に「ホント使えないな。いい加減、まともに働けよ」などと言っても、伸びるわけがありません。努力して伸びたところに着目して褒める必要があります。

だから、彼らが何を考えて、どんな行動を取っているかをよく見ている必要があります。同時に、リーダーはチームメンバーとコミュニケーションを取る機会を作って、彼らの価値観を聞き出すべきです。

「価値観」とは、何を大切にしているのか、何を目指しているのかといったことです。

「海外勤務をしたい」だったら、実現するためにどうすればいいのかを一緒に考えてみる。

「家族と過ごす時間を増やしたい」だったら、定時に帰宅できるように一緒に仕事を見直してみる。

そうやって、自分からどんどん働きかけるのです。黙って座っているだけでメンバーから情報が上がってくるはずがないのですから。中には見違えるように成果を上げるメンバーが出てくるはずです。

たまには「飲みニケーション」から学んでみる

心理的安全性を作る意味で、グーグルの充実した福利厚生は一役買っています。カフェテリアでは1日3食を無料で提供。セルフサービスでお茶やコーヒーなどの飲み物が用意されているし、軽食も充実しています。

福利厚生が充実しているだけでなく、コミュニケーションを促す仕組みもあります。その一つが、TGIF。「Thanks Google It's Friday」の略称です。本来TGIFとは「Thanks God It's Friday（神様ありがとう、金曜日だ！）」の頭文字で、週末を祝う言葉なのですが、これをもじった造語です。

具体的には、毎週金曜日の午後、グーグル本社で全社的なミーティングを行います。では、いったいどんなことをするのか？

お酒や食べ物のある席で、社長や幹部がプレゼンし、参加者が彼らに直接質問をしたり、参加者同士で議論をします。

「社長の意見は間違っています」——なんて言っても大丈夫。社長は丁寧に説明してくれます。あとでリーダーから「お前、社長になんてこと言ってくれてるんだ」と怒られる心配もなし、です。

グーグルには、部活など社員同士を繋ぎ合わせる場がたくさんあります。それには、単純に仲良くなるだけでなく、生産性も確実にアップするという効果があります。科学的なデータに基づいて行っているのだから当然です。楽しい部活に参加すれば、好きなことだけ話すから、楽しい会話になるのは間違いなし。コミュニケーションが活性化するのもうなずけます。

■自分たちのやり方を見つけよう

帰りに一杯やりながら議論する、仲間と一緒に汗をかく。これって、日本に昔からあったよ、と思った人もいることでしょう。

そうです。日本企業には社内運動会や社員旅行などのイベントがありました。「飲みニケーション」も減っているようです。お酒を飲めない人が無理矢理飲まされたり、子どもを抱える女性が飲み会に参加できず重要な話が伝わってこないなど、負の側面があったのも事実です。

別に、昔風の飲みニケーションや社内運動会を復活しろと言うつもりはありません。グーグルにならって平日の午後に一席設けてもいいですし、全然別の方法を模索してもいい。ランチ会でも、ハイキングでも、ディズニーランドに行くのでもいいのです。何かを一緒にする機会、話す機会を作ることでコミュニケーションが活性化し、生産性アップに繋がるという効果があるのですから、ぜひ自分たちなりの良いやり方がないか、もう一度見直して欲しいのです。

チームが一体感を持てて心理的安全性を高められるなら、場作りに取り組む価値はあるのではないでしょうか。

第 5 章

スプリントのリズムで体調を管理する

楽しくなければ仕事はできない。部活のノリは学生時代で終わりにしよう

前々から不思議に思っていました。なぜ、日本のビジネスパーソンの多くが、仕事を「苦痛であるべき」と捉えているのか、と。彼らは、趣味に取り組んでいる時間や、家族と過ごしている時間は楽しそうにしている。なのに、会社にいる時間は終始つまらなそうな顔をしています。

実際に、笑ったり、冗談を言ったりするのが禁じられている職場もあります。苦痛を感じながらやったほうが生産性が上がるとの信念を持っている……というより、苦痛を感じながら働くことが目的化しています。

「最初は認められなくても、長く在籍すればその功労が報われる」
「先輩の言うことは、何も考えずにそのままやらなければならない」
「先輩に押さえつけられる時代を乗り越え、先輩が卒業すれば、自分たちの時代が来る」

学校の部活の上下関係やひどい考え方に、皆が10代のときに染まってしまっています。そんなメンタリティを引きずっているのが日本の職場です。**「日本の部活が組織を殺す」と言っても言い過ぎではないでしょう。**

つらい仕事を今まで耐えて頑張ってきたのだから、他の人が楽しく仕事をするなんて許せない。楽しい仕事を認めてしまったら、自分の存在価値がなくなってしまう。だから、職場は苦痛でなければならない。そんな考えだから生産性も上がらないのです。

表面的には重々しくなくても、そんなムードに支配されている職場も多いです。

でも、楽しくなければ仕事なんてできないのでは？　楽しくないと、なかなかやる気も出ないし、実際に成果も上がらない。この単純な事実にもっと気づいて欲しいです。

■真剣に遊ばないと、仕事で淘汰される時代がやってくる

これからの時代をリードする人材は、バランスを重視しています。バリバリ仕事するけれども、プライベートも大事。幸せになるために、すべてに全力で取り組んでいます。

仕事の面では、チームのリーダーとして、あるいは役員層から見たチームメンバーとして、果たすべき役割を果たす。家族の中では、父親／母親としても息子／娘としても役割

を果たす。いずれかの役割に偏ることなく、どの役割も楽しそうにこなしています。

バランスが取れている人のフェイスブックを見ると、家族と旅行している様子や、趣味に取り組んでいる楽しそうな日常がうかがえます。仕事も趣味のように楽しんでいます。

僕が見る限り、成功している人は公私ともに楽しんでいます。**つまらなそうにしている成功者の事例を見聞きしたことがありません。**

僕自身、仕事では常に楽しい話をしたいです。実際に楽しい話ができる人と仲良くなります。そんな人を2人ご紹介します。

まずは、先述したミスルトウでVC（ベンチャーキャピタル）投資を行う鈴木絵里子さん。外資系投資銀行に勤める中、子どもを授かり、ワークライフバランスを模索することになったそうですが、小さな子どもを2人抱えつつシリコンバレーのドローンスタートアップの日本法人を立ち上げることにチャレンジ。その後、社会的インパクトを真っ向から支援できるように、ミスルトウに参画。

さらに、世の中を良くするために人の多様性や多面性を解き放つことが必要と考え、futurefemales+として活動している一方、日本最大級のフィンテックカンパニーQUOINE《コイン》株式会社のデータ兼コミュニケーションヘッドに就任し、各種マーケティング活動やワークショップ等を展開と、家族を大切にしながらやりたいことにパワフルに取り組んでいます。

もう一人は、リクルートホールディングスの常務執行役員である北村吉弘さん。彼は強いパッションの持ち主で、常に生き生きと楽しそうに仕事をしています。社内にラジコンの部活を作って楽しんでもいます。

もともとラジコンを趣味としていて、お子さんと楽しんでいたのですが、それを会社に持ち込んだところ、「私もやりたい」と手を挙げる女性社員が出てきたのだそうです。「部活」をきっかけに、仕事と遊び・楽しみが渾然一体となって、境界線がなくなってきたわけです。

今後、ホワイトカラーワーカーの仕事の多くがＡＩによって自動化されれば、楽しい仕事だけが残る可能性があります。もしかすると、仕事が遊びに近づいていくかもしれません。

これからの職場は、仕事と遊び、どちらに取り組んでいるのかわからなくなるような状況が当たり前となります。

僕が経営するプロノイア・グループの文化スローガンは3つあります。

Play work／遊ぶようにはたらく

Implement first／前例をつくる

Offer unexpected／予期せぬことを提供する

「遊ぶようにはたらく」を一番に持ってきたのは、真剣に遊ばないと、仕事で価値を生み出せなくなる。むしろ楽しめない人が淘汰される時代がやってくるからです。

先日対談したリチャード・シェリダンさんは、米国で最も幸せな職場と言われるメンロー・イノベーションズ社の創業者かつCEO。『ジョイ・インク　役職も部署もない全員主役のマネジメント』（翔泳社）という本の著者でもあります。彼も「JOY」を追求することにより、人は人としての価値を感じられるし、周りの人たちとの信頼関係も築くことができる、そしてそのことが企業・そこで働く人たち・顧客にとって大きな利益となっていくと言っています。

是非、もっと仕事と遊びを楽しみましょう。

マラソンではなくスプリントの発想で生きる

自己実現ができる人は、マラソンの発想ではなく、スプリントの発想で生きています。

マラソンは一度スタートすると、ゴールするまで延々と走り続けます。ともすると急にペースが落ち、中だるみするおそれがあります。

一方でスプリントは一度全力でダッシュをしたら、次のレースまでの時間は、休養や次のレースまでの改善に費やします。

前者の発想は長時間労働や過労に結びつきやすいですが、後者はメリハリを重視するので一つの仕事に集中でき、時間の使い方も効率的です。

これからは皆一緒にマラソンをする働き方ではなく、一人ひとりがスプリントを繰り返すような働き方が主となります。

人によって、スプリントとインターバルの間隔は様々ですが、2～3ヵ月で一定の結果を出して休むペースが理想です。**「結果を出す→休む」この感覚の繰り返しを意識しましょう。**

この方法はプロジェクトなど数ヵ月単位の仕事に限らず、1日のタスクでも使えます。「制限時間を設けて仕事をするか」という質問に対して、グローバルエリートは72％が「はい」と答えたのに対し、日本人が「はい」と答えた数はわずか33％という結果も出ています（「PRESIDENT」２０１８．１．29号より）。終わりを決めずだらだら残業するのはやめて、その日の結果を出したらさっさと退社して休みましょう。このペースがまだ身についていない人は、今日から即実行しましょう。

スプリントの発想に切り替えると、仕事を分割して取り組めるようになります。今集中すべき仕事が明確になります。結果として、成果を出しやすい働き方になります。

■休むときは徹底的に仕事から離れる

第2章にも書きましたが、僕は最近、「人間は1年で脱皮をする」説を唱えています。脱皮して、去年の自分よりも一段成長のステップを上がるイメージです。

脱皮するには、一度立ち止まる必要があります。**1年のうち、少なくとも1週間はたっ**

■マラソン型の働き方

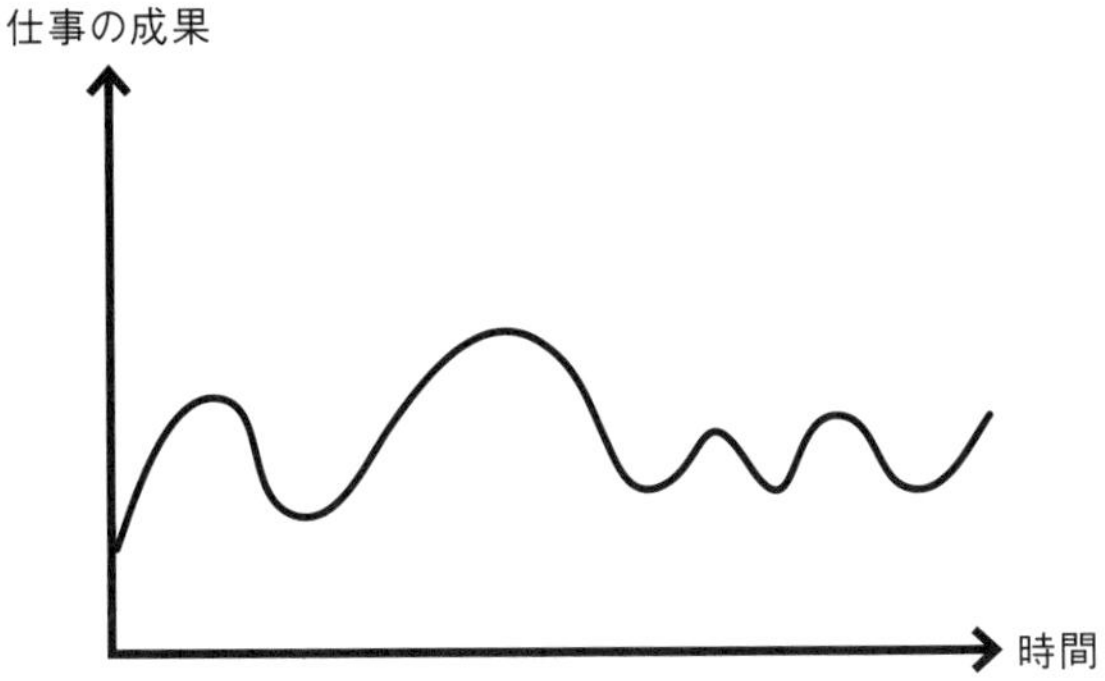

■スプリント型の働き方

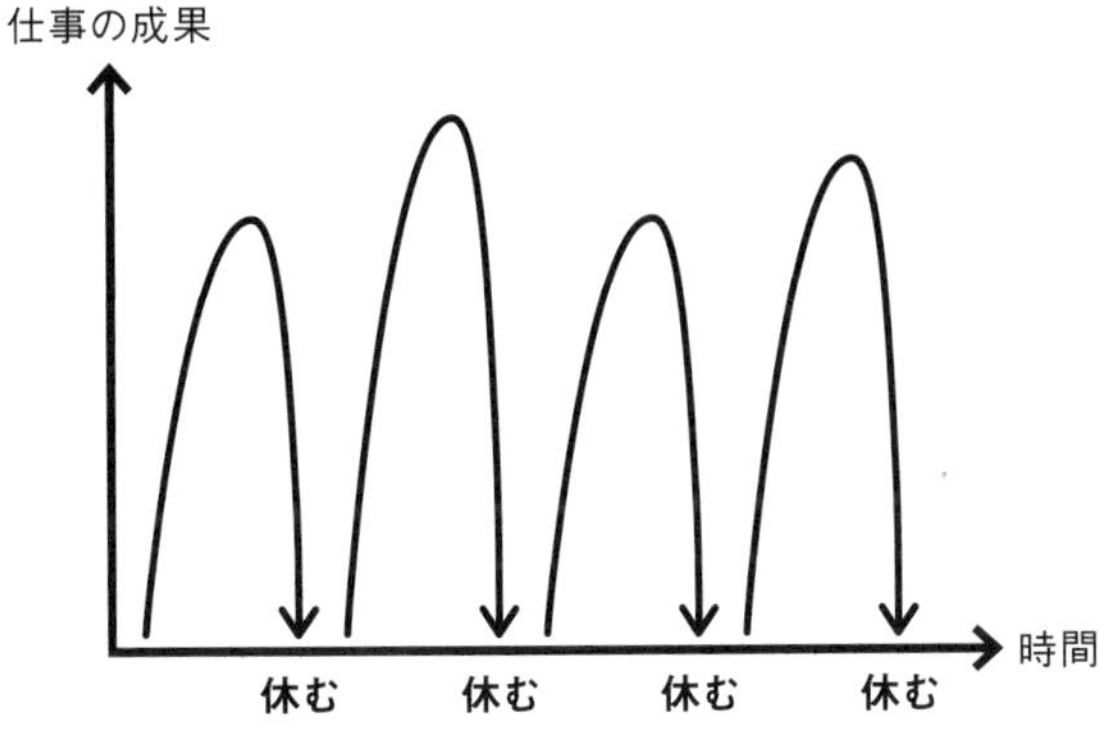

た一人で過ごす時間を作るのが理想です。この時間に心と体をリフレッシュして、新しい自分に脱皮するのです。

僕の場合、脱皮するきっかけとなるのがダイビングです。２０１７年の夏も脱皮目的でダイビングに行きました。

日本を出るのは一大決心でした。日々接する情報が膨大すぎて、心身ともに疲れてしまい、パフォーマンスが低下しつつあるのを自覚してはいました。けれども、講演やカンファレンスのオファーはどれも得がたいチャンスだったので、脱皮をずるずると先延ばししていたのです。「忙しい」「軌道に乗せるべき仕事がたくさんある」などと、あれこれ理由をつけてマラソン型の仕事にハマっていました。

その結果、何か自分らしくないなと思いながら仕事をしていました。疲れもあり、仕事に飽き飽きすることもありました。

そこで一念発起して1週間の休暇を取得し、フィリピンでダイビングを楽しむことにしました。一度足の動きを止めて、次なるレースに備えようと考えたのです。

僕はマニアックなダイバーで、12年間潜っています。サメが泳ぐ姿は何度も目にしましたし、沈没した船を探索したこともあります。正直、新しい発見は少なくなっています。

けれども、ダイビングをしたときの深呼吸の感覚と、外界の情報から遮断されている感覚は、何度味わっても新鮮です。海中は、陸とは色彩が異なります。体の動きも異なるので、まず脳が混乱します。その混乱を楽しみながらゆっくり動いていると、誰の物でもない自分の時間を過ごしている感覚が強くなります。

滞在していた1週間は、1日3回のペースで海に潜っていました。最初にダイブしたときには違和感がありました。まだ脳は外界と繋がっていて、潜っていても仕事のことばかり考えていたからです。

けれども、2回目のダイブから脳がだいぶクールダウンしてきて、3回目ともなると悟りを開いたかのように海中の世界に没頭していました。「世界ってこんなに静かだったのか」。改めて気づく貴重な体験でした。翌日から、仕事を完全に忘れて過ごしました。

別にダイビングを勧めているのではありません。どんな過ごし方でもいいのです。とにかく脱皮時には情報から離れること。**仕事のことを考えている自分から距離を取る。このメタ認知に意味があります。**

■一度休むと自分を俯瞰できるようになる

「脱皮」のあとに仕事に復帰すると、それまでとはまったく違った感覚になります。仕事の楽しい部分や面白い部分が明らかになります。逆にやらなくてもいい仕事、断っても問題ない仕事にも気づきます。

やらなくてもいい仕事を引き受けてしまうのは、自分自身のメタ認知ができていないから。一度休めば、違うレベルから自分を俯瞰できます。

もう一度言いますが、スプリントを繰り返すのがとても大事です。

特に新しい価値を生み出すには、自分の仕事を客観的に見る機会を作るのが不可欠。今やっている仕事に本当に意味があるのかどうかを振り返り、不要な仕事は手放していくのです。

アウトソーシングや自動化の選択肢があるのに、同じ仕事にとらわれ続けていると、体調を崩す可能性もあります。成長の機会を逸したら元も子もありません。

4つのエネルギーレベルを管理する

グーグルにはManaging Your Energyという、自己エネルギーを管理するための研修があり（The Energy Projectという会社がライセンスを提供しています）、僕も認定講師でした。研修では、人間のエネルギーには以下の4つのレベルがあると教えます。

①physical energy…体のエネルギー
②emotional energy…感情のエネルギー
③mental energy…集中のエネルギー
④spiritual energy…生きることの意義からくるエネルギー

それぞれのエネルギーのレベルが整うことで、イノベーティブな仕事が可能となります。研修では4つのエネルギーレベルを振り返り、ベストな状態に導いていきます。

①体のエネルギーを整える

体のエネルギーを整える上で、**最も重要なのは睡眠**です。

睡眠を整えるため、僕はJawbone UPという活動量計のリストバンドを装着しています。これを使うと、日々の歩数、脈拍、睡眠のパターンなどを把握できます。

睡眠にレム睡眠、ノンレム睡眠の2つがあるのを耳にしたことがあるでしょう。一般には浅い眠りのレム睡眠と、深い眠りのノンレム睡眠と言われ、約90分周期で一晩に4~5回繰り返されると言います。

脳の眠りが一番深いときに無理矢理起きると、人はだるさを感じます。目覚まし時計の音で目が覚めたものの、しばらく自分がどこでどうしているのか朦朧としている状態があります。それは、まさに深い睡眠時に無理に起きた状態です。

リストバンドには、浅い睡眠の時間帯にバイブレーションで起こしてくれる機能があります。こうした機器なども活用しながら、自分にとってベストな睡眠を確立すべきです。

僕はグーグル勤務時代、出張の機会が頻繁にありました。アメリカやヨーロッパなど時差の大きい地域から帰国すると、時差ぼけに悩まされます。時差ぼけをうまく回避するために、当時から睡眠の管理には細心の注意を払ってきました。

僕の場合は、23時に入眠して、午前6時に起床するのがベストな睡眠のパターン。その結論に行き着くまで、様々な時間に入眠して起床するPDCAを繰り返しました。体の状態はパフォーマンスに大きく影響するので、ぜひ自分の睡眠パターンを把握した上で睡眠を取るようにしましょう。

因みに、就寝前にPCやスマホのブルーライトを浴びるのは睡眠障害の原因となります。就寝30分前にはディスプレイを見ないのが原則であり、どうしても必要があればナイトシフトに設定するなど最低限の工夫をすべきです。

■食事、飲酒のポイント

食事は、**朝食をきちんと摂るのが基本**です。1日の食事も人によってベストな回数があります。僕の場合、1日に4〜5回、少量の食事を摂るのが最も自然な食べ方。ですが、1日に1回多めの食事を摂るべきとする説もあります。いずれにせよ、お腹が空いていないのに惰性で1日3回食べるのは考え直したほうがいいです。

食べる内容は、まずは炭水化物と糖分を減らしましょう。摂りすぎると肥満の原因となります。眠くなりやすくもなります。食後すぐは元気なのですが、しばらくすると眠くなり、仕事の妨げとなる可能性が大です。

飲酒についても、自分の適量を知っておくべきです。僕もワインが大好きですから、お酒を飲むなとは言いません。ただ、適量を守りましょう。

僕は夜間にどうしても仕事をしなければならないとき、赤ワインを1〜2杯飲んでから取りかかるとよく集中できます。しかし、3杯以上飲むと集中力を失います。

自分では「このくらいなら大丈夫」と思うのですが、翌日になってアウトプットしたものを見ると、目も当てられないようなミスがいっぱい見つかります。今は、適量を守ってお酒を楽しんでいます。

なお、時間の合間を見つけて、適度な運動も行うこと。何らかのスポーツを行ったり、ジムでトレーニングをしたりできれば理想です。そうでなくても、階段移動を心がける、ウォーキングやサイクリングに取り組むなど、日常の中でも適切な量の運動はできます。

■自然のサイクルに抗わず、パフォーマンスを上げる

すべての動物はサイクルで動いています。生まれて死ぬというサイクル、季節というサイクル、起きてから寝るというサイクル、女性には月経というサイクルがあります。仕事で良いパフォーマンスを発揮するには、こうしたサイクルに抗わず上手に活用するのが一番です。

一言でパフォーマンスと言っても、短期的なパフォーマンスと、長期的なパフォーマンスとがあります。短期的というのは、今現在のパフォーマンスであり、長期的というのは1～2年先まで見据えたパフォーマンスです。

両者はときに相反します。過度に集中して短期的にパフォーマンスを発揮した結果、疲労を招き、長期的なパフォーマンスが低下するおそれもあります。

そこで、**適度な集中と弛緩（休み）を繰り返しながら、短期的、長期的なパフォーマンスを両立させていくという発想**が求められます。

1日の中でもリズムを意識すべきです。

人間の集中力も90分が限度。大学の講義が90分単位なのもそのせいです。90分以上仕事を続けるのはやめて、休憩を入れるサイクルで動かしていくのです。

一度デスクから離れて散歩をしてみる。お茶を買いに行く。仮眠を取る。外に出て空を見る……。自分なりの休憩方法を確立することをおすすめします。

②感情のエネルギーを整える

人間にとって感情は必要なものです。嬉しいときに喜び、つらいときに悲しむ。どっちも人間らしい行動。だから感情をなくすべきではありません。

ただし、ネガティブな感情のままに行動すると、他人とトラブルに発展する恐れもあります。だから感情のエネルギーを管理する能力は身につけておきたいですね。

感情のエネルギーを管理する大前提は、自分の感情に気づくこと。

自分の感情に気づくとは、自分にどのような感情が発生して、それがどんな意味を持っているかを理解することです。

まずは、前述したように体のエネルギーを整えるのが基本です。体のエネルギーが不足すると、建設的でない感情が発生しやすくなります。集中もできなくなります。

僕も、疲れていると短気になります。イライラすると、ネガティブな態度や行動を取りかねません。それを回避するために、何かを発言する前に深呼吸をしたり、こまめに休憩を取ったりしているのです。

■怒りを建設的な行動に変える方法

脳内で、好き嫌いや快不快の感情処理を行っているのが扁桃体《へんとうたい》という部位です。扁桃体は、人間にとって本能を管理する、非常に重要な働きをしています。人が恐怖心を持つことで危険を回避しているのも扁桃体があればこそです。

ただし、残念ながらホワイトカラーワーカーの多くは、仕事の中で扁桃体を抑制せず、そのまま働かせています。

たとえば、リーダーにこっぴどく叱られたとき。パニック状態になり、逆ギレする人がいます。これは本能むき出しの反応であり、信頼と尊敬を失うのは明らかです。

リーダーに叱られて、嫌だと感じたり、怒りを覚えたりするのは当然です。しかし、それと感情をそのまま出すのは別問題です。

前述したように、自分の感情に気づくことが重要です。そして、**その感情が必要かどうかを考える**のです。

脳科学の研究によると、人間の本能的な感情は90秒で収まると言います。90秒の間に、深呼吸をして、自分が体験した感情を把握しましょう。

90秒経っても怒りが持続しているのは、自分の頭の中で悪循環が起きている証拠です。怒りに振り回されて、思考が非論理的になっています。それに早く気づくことが大事です。

具体的には、「怒っている」「楽しんでいる」「モヤモヤしている」など、自分の感情に名前をつけてみます。

次に、その感情が必要かどうかを考えます。不要だと理解できたなら、その場では無理に議論せず、次のように伝えます。

「わかりました。ちょっとお時間をください。明日までに改善できるところを考えてもう一度お話をします。これから打ち合わせがあるので、とりあえず失礼します」

このように、いったんその場を離れるのです。

人が怒りの感情を覚えるのは、自分が大切にしている価値が攻撃されたとき。たとえば、僕は自由と自己実現という価値観を重んじています。自己実現のために新しいプロジェクトを企画したときに、リーダーから「お前は日常業務だけきちんとこなせばいい。新しいプロジェクトなんかに手を出すな」と言われたら、やはり腹が立ちます。

自分が過去に怒ったときを振り返ってみると、自分の価値観が見えます。自分の価値観を認識し、それが傷つけられると怒りの感情が出てしまうとわかれば、怒りの感情が発生しないような事前準備も可能となります。先ほどの例で言えば、僕はもっと違うアプローチでリーダーに根回しを図るはずです。

感情に振り回されると、怒りの感情をそのまま他人にぶつけて人間関係のトラブルを起こします。それだけでなく、怒った自分に失望して悲しむという二重の感情を抱えます。感情が複雑にからみあうと、解決するのがますます困難です。

繰り返しますが、感情は必ず湧いてくるものです。湧いてきた感情を適切に認知し、次に繋がるような行動を取りましょう。相手と前向きな会話をして、問題を解決するのです。それができない場合は、前述したように時と場所を改めればよいのです。

■プラスの感情はうまく活用する

怒りは適切に処理する一方で、プラスの感情はうまく活用するべきです。僕自身、最近改めて感謝する感情の重要性を実感しています。

忙しかったり、課題が山積したりして、**一緒に働く人たちの気持ちに疲れが出ているときには、ぜひ感謝を伝えましょう。**

一緒にランチに行ったり、1時間だけでも飲みに行ったりして、「最近忙しいけど、いつも頑張っていてくれてありがとう」「あなたの仕事は僕にとって、会社にとって、非常に価値があるので、本当に感謝しています」などと伝えるのです。

このとき相手の目を見て感謝の言葉を口にします。感謝の気持ちを表すだけで、人間関係が大きく好転します。

また、**プラスの言葉遣いも**大切です。たとえば同僚に「誰も頼んだことをやってくれない」などと問題やグチを聞かされたら、「ああ、皆の協力が欲しいんだね」などと、建設的でアクションに繋がるような言葉遣いに直して返事をする。

やりたくないことではなく望んでいることへ、過去ではなく現在・未来へ、ないものではなくあるものへ目を向けるような言葉選びを少し意識するだけで、結果はまったく違ってきます。

③集中のエネルギーを整える

クリエイティブな仕事をする人は、ただ時間を区切って働くのではなく、自分にエネルギーがあるときに、集中して仕事をしています。

フロー理論の研究では、**一般的なホワイトカラーワーカーは、8時間労働の中で、30分しかフロー状態に入れない**とされています（フローとは「流れ」という意味で、簡単に言うと意識が最適化できている、集中できている、加えて、心に余裕がある状態。時間を忘れて没頭する状態）。**フロー状態に入っている時間を3倍の90分にできれば、生産性は2倍になる**こともわかっています。つまり、いかにフロー状態を引き出す場を作るかが重要です。集中すべき時間に最大のパフォーマンスが出せるよう、エネルギーを管理することが大事。グーグルでは、その観点でオフィスを設計し、生産性を高めようとしています（グーグルの環境作りは第6章で説明します）。

集中のエネルギーを管理する方法はいくつかあります。たとえば、調子が良く頭が回っている時間帯に重要な会議を行う、文章を書く、振り返りを行うなど重要な仕事を行い、疲れている時間帯には簡単な事務作業を行います。

単純に仕事の内容で優先順位をつけるのではなく、**エネルギーの状況によって仕事を配分していくのです。**

一言で仕事と言っても、内容によって適切なエネルギーは異なります。たとえば、ブレインストーミングを行うときには、周囲の人と闊達に議論しながら、メンバーのテンションを高めるためのエネルギーを要します。一方で、寝る前のリラックスしたエネルギーのときに新しいアイディアが生まれやすいこともあります。

自分でコントロールできない仕事もあるので、コントロールできる範囲で仕事とエネルギーを一致させる努力をしていきましょう。

■集中するための条件

体のエネルギーと感情のエネルギーを整えることも大切です。

たとえば、歯がものすごく痛いとか、今すごく悩んでいるというとき、仕事には集中できません。だから、まずは自分の状態を整えるべきです。

歯の痛みや悩みなどは、わかりやすいエネルギーの乱れですが、意外と気づきにくいのが疲れたとき。疲れているとき、自分では集中しているつもりで、実は全然集中できていないことがよくあります。自分だけ面白がっているのに、周囲の人の目は覚めている。酔っ払った状態で仕事をしているようなものです。

そのため、**体のエネルギーと感情のエネルギーが不足しているときには、休むのが鉄則です。**

「集中」というと、力が入っている状態をイメージしがちですが、むしろ落ち着いた状態こそが集中に近いと言えます。

その証拠に、人が「集中しよう」と思っているときには、必ず集中していません。「気づいたら本を読み終わっていた」「作業をしていたら、あっという間に1時間が過ぎていた」というとき、あくまで事後的に「集中していた」と気づくだけです。だから、できるだけ体と感情をリラックスさせておくべきなのです。

④スピリチュアル・エネルギーを整える

最後はスピリチュアルなエネルギーです。これは、**自分が何のために生きているのかを自覚することで生まれるエネルギー**です。

このエネルギーを高めるには、自分がどんな価値を生み出しているのか、自分が世界にもたらしたいものは何か、自分は何を大切にしているかという価値観を明確にして、自分の信念の再確認から始めます。

残念ながら多くの企業では、職場内の会話の中で
「あなたはどんな夢を持っていますか？」
「世界にどんな価値をもたらしたいと思っていますか？」
「仕事をしていく上で、どんな価値観を重視していますか？」

といった質問をする機会がありません。

お互いの夢や、価値観、信念を知ろうとしないまま、一緒に仕事を進めていくのは、僕にはとても不思議です。

どんな価値を重んじていて、どんなことがやりたいのかを理解し合えば、格段に仕事がしやすくなります。自分のスピリチュアルなエネルギーを活用するためにも、他人のエネルギーについて知るべきです。

■自分の夢に思いを馳せる時間を持つ

改めて僕の人生を振り返ると、明確な夢を持って夢に向かって努力していた時期と、夢をあきらめたり忘れたりしている時期がありました。後者の時期には、生活のクオリティが明らかに低下していました。

僕が生まれ育ったのは、共産圏の国の、しかも小さな村です。家族はもとより周囲の人たちも貧しい暮らしを送っていました。子どもの頃は「いろいろな国に行きたい」「大きな家に住んで格好いい車に乗りたい」という夢がありました。

「ヤシの木が広がっているような南国に行って、きらめく海を見てみたい」などと、毎日のように想像していました。学校の教科では世界地理が好きで、図書館に行っては地図や旅行書などを何回も読み、まだ見ぬ国を思い描いていたのです。

大人になると、忙しい日々の中で、夢を忘れてしまいがちです。僕がグーグルにいたときも、忙しさに追われて夢を忘れる時期がありました。

夢を忘れるのは、想像する時間がないからです。僕が子どもの頃、海外旅行する自分を想像していたように、人は想像することで夢を持てます。

今は、気軽に情報にアクセスできる時代です。僕が子どもの頃とは比べものにならないくらい、海外の様子など、日本にいながら得られます。そのためか、多くの人は、受け身のまま情報を受け取るばかり。想像を怠っています。

自分が本当は何が好きなのか、何を大切にしているのか、どんな夢を持っているのか、リラックスした環境で想像してみてください。そのための時間を作って欲しいのです。

自分で選択した疲れは心地いい

アンソニー・ウィロビーという、イギリス人のちょっと変わった友人がいます。彼は、22歳のときにシベリア鉄道の片道切符による冒険旅行で日本にやってきたこともある経歴の持ち主。ナイル川を手こぎボートで渡ったり、闘牛士にチャレンジしたり、パプアニューギニアを探検したり、モンゴルに住んだり……と、とにかくユニークな逸話をたくさん持っている人です。

現在はＩＷＮＣというトレーニング会社を立ち上げ、チームビルディングやリーダーシップ育成プログラムを各地で提供しています。日本にやってくると、その日のうちに僕に連絡してきて「ピョートル空いてる？　飲みに行こう」と誘ってくれる、〝気のいいおっさん〟でもあります。

彼に「毎日忙しくて疲れている」と言うと、「It's all self-inflicted.（自分で作った疲れじゃないのか）」と指摘されます。

言われてみれば確かにそうです。独立して仕事をしている以上、すべては自分で選択した結果疲れているということ。誰かに言われて仕事を受けているわけではなく、自分で選んだ仕事をしているんだ。そう思うと、疲れが心地よく思えてくるから不思議です。

■疲れているときは自分の本音に気づくチャンス

僕の場合は、ちょっとだけ疲れているときに、不思議と深い内容の会話ができます。うまく言えないのですが、疲れてふわっとしている状態と自分の無意識が繋がっているような感覚があるのです。

元気なときは、どうしても次の結果をどんどん追い求めてしまう。社会に対してのアピールや評価を意識しています。それはそれで大事なのですが、疲れていると、ちょっと立ち止まって思考できます。肩の力がいい感じで抜けて、本音が出やすくなります。人生の意味を考えたり人と語ったりできるのは、少し疲れているときです。

だから、自分で選択した仕事で疲れて、夜になったら深い話をする時間を作るのも結構大事です。

第 6 章

人材をめいっぱい活かす企業のやり方

人材を活かす企業は「従業員の自己実現のために会社がある」と考える

「働きがい」はビジネスの結果に繋がります。**「働きがい」がビジネスに与えるインパクトは大きく、たとえば生産性は21％アップ、利益は22％アップする**というデータもあるほどです。

では日本の企業には、どのような問題があるのでしょう。まず共通するのは、「経営目標を達成する手段として従業員がいる」と考えている点。そういう企業は典型的に、ピラミッド型組織構造、企業活動がクローズド型で閉じている、指揮命令系統はトップダウン、商品重視（ユーザー無視）などの特徴が挙げられます。

ここで一つ質問です。あなたは自分のテレビのリモコンを完全に使いこなしていますか？　そのような人はほとんどいないと思います。一方、アップルのリモコンはどうでしょう。たった5つのボタンしかありません。なぜ日本人は複雑なリモコンを作るのか、複数のメーカーの方々に質問したところ、とんでもない答えが返ってきました。「他社も同じようなリモコンを作っているから」だそうです。

かつて本田宗一郎は、遠くへ買い出しに行く妻の苦労を軽減させようと考え、バイクを作りました。最初はこのように誰かの喜びのためにものづくりを行っていたはずなのに、いつの間にか「他社に追随して作る」が日本のメーカーの常識になっています。

こういう会社で働くと、圧倒的に「働きがい」が低くなるでしょう。2013〜2014年にかけ、日本のエンゲージメント（社員の会社に対する愛着心や思い入れ）は4％ほど向上したものの、38％にとどまりました。2016年も38％です。なお世界の平均は63％となっており、**日本の従業員は世界で最も低いエンゲージメントランクなのです。**

つまり、日本の企業は、従業員にやりがいを感じてもらい、モチベーションを上げる必要があります。そのためには、非常に大事な3つの要素があります。

1つ目は、「目的」＝仕事に意味があるのか。

2つ目は、「成長」＝新しいことを学べるのか。

そして3つ目は、「自主」＝選択肢が増えるのか。

これからは個人個人の成長に力を入れる必要性が高まっていきます。**従業員が自己実現できるような場作りが、企業としてのこれからの仕事になる**でしょう。

日本では、大手企業より中小企業にいい事例が多いです。僕が顧問をしている岡山県の小橋工業株式会社はその一つ。帝国データバンクが最も高い評価をしている中小企業で、格付投資情報センターR&Iの最高格付「aaa」を日本で初めて取得。トラクター用作業機では利益シェア、耕うん爪では売上シェア日本一を誇ります。

創業1910年の同社は、現在4代目の小橋正次郎氏が社長です。「農業を変えたい」という野望を持ち、現在も大学院でMBA取得に向けて勉強しています。社員には、日本の農業を変えていくという非常に高い認識があり、それで社会貢献をしています。

また、工場はフラットに団結していて、皆さんが自由に改善やテストを進めています。工場内に「ライバルは昨日のコバシ」と掲げてあり、失敗をすれば、皆でシェアしていかに改善していくかを考える文化があります。現状維持より変革に夢中で、工場の働きがいがなんと90%に迫る数字を出しています。

■生産性が上がる職場環境とは

場作りの一つとして、フロー状態になれる職場環境が挙げられます。その状態を作るためにも、個々が集中して、落ち着いて働けるような、瞬間瞬間の場作りが大切です。

たとえば、グーグルのオフィスは、一人で集中して働けるブースもあれば、皆で話し合える広いテーブルや、立ちながら打ち合わせができる広いスペース、仮眠室やゲームコーナーまであります。必要に応じて働く環境を変えられるのです。

自分が一番パフォーマンスを出せるように自分の働き方を自分で工夫し、一番集中できるときに仕事をするという考え方です。それによって生産性に大きなインパクトを及ぼします。

従業員がフロー状態に入ると、想像力や問題解決力が4倍になり、さらに、経営者がフロー状態に入ると、会社の生産性は5倍にまで膨れ上がるというエビデンスもあります。

今後、働き方を考える上では、フロー状態に入れる場作りが何より重要です。

会社都合で働かせるのには限界がある

〝ダイバーシティ〟や〝働き方改革〟という言葉をよく聞くようになっています。でも、実情は、会社都合で主導されているケースがほとんどです。

女性活躍推進室を作って女性管理職を増やすのも、出産・育児をする女性にもっと働いてもらうのも、そもそも働き方改革で生産性を高めるのも、根本は会社が発展するため。言ってしまえば会社都合です。

会社都合で従業員に仕事をさせるのには限界があります。人は誰もが幸せになるために働いています。会社があって仕事があるのではなく、やりたい仕事があって、その仕事をするために会社に入る。こっちが正しい順序であるべきです。

でも、世の中にはまだまだ会社都合で働こうとする人たちがいます。学生たちに聞いても有名企業に入りたいという声ばかりです。

冷静に考えて、名前で会社を選ぶのは馬鹿げています。今一部上場企業だからといって、その企業が永続するわけではないのに、どうしてそこまで企業のネームバリューにこだわり、会社の都合で生きていこうとするのでしょうか？

会社に自分の存在をすべて預け、会社がなくなったと同時に自分が生きている意味までも見失い、挙げ句の果てに自殺を選ぶ。それ以上に貧しくて不幸なキャリア観を、僕は知りません。

■経産省が推進している新しい働き方

２０１７年の夏、僕は経済産業省（経産省）の方々と関わりを持つことになり、METI Journalという媒体のインタビューも受けました。

きっかけは、とあるイベントで僕の話を聞いた経産省の方が関心を持ち、「ぜひ、お会いしたい」とオファーをもらったことです。最初にお話を聞いたときは、ちょっと焦りました。「ピョートルは、日本の働き方について勝手なことばかり言っている」などと叱られるかも、と。

叱られないまでも、経産省が僕に興味を持つのは意外でした。なにしろ経産省はオールドエリートの代表みたいなもの。働き方には保守的なはず、と一方的に思い込んでいたのです。

「経済産業省の方々と話をした後、ある意味とても安心した。我々とも共通する様々な問題意識を持ちながら、実効的な施策を打ち出しています」

インタビューで僕はこのように話しました。これは本心です。予想に反して、経産省は新しい働き方にとても積極的でした。

経産省の中枢で働く職員は、言ってみればオールドエリート。優秀な成績を収めて有名大学を卒業し、順調に出世コースを歩んできた人たちです。けれども、面白いことにオールドエリートである彼らのほうが、一般的な民間企業よりも新しい感覚を持っています。

経産省は、働き方改革、ダイバーシティ推進、そして、HRテクノロジー推進にも取り組んでいます。HRテクノロジー（Human Resource Technology）とは、人事評価や採用、人材育成などへのAIの活用やIoTによる労務管理、ビッグデータを活用した人材運用など企業における人事機能の向上や、ウェアラブルなどのデバイスを活用して働き方の進化を実現する技術。経産省は、「HR-Solution Contest」というコンテストも主催していて、モティファイも新入社員育成プランナーの取り組みで「注目スタートアップ賞」を受賞しました。

彼らは、他省庁とも連携してベンチャー・エコシステム（起業家、起業支援者、企業、大学、金融機関等が有機的に結びつき、新しい事業やベンチャー企業が次々と生まれてきて成長する〝生態系〟）の構築を目指しています。

具体的には、高い技術力を持つ中小・中堅・ベンチャー企業などをシリコンバレーに派遣して育成するなどの取り組みを進めています。

■同じ価値観の人が集まってもイノベーションは生まれない

経産省では、イノベーションを活性化させる上で、ダイバーシティの必要性を強く認識しており、その実現に向けたロードマップも持っています。

同じようなスーツを着た、同じ価値観の人が集まってもイノベーションは生まれない。考えてみれば当然の理屈です。

ダイバーシティが進んでいる企業は、イノベーションが起きやすいだけでなく、リスクに強い側面もあります。逆境に直面したときに、様々な知恵を結集させて立ち直ることができるからです。

一方で、日本の従来型の企業で、それを進めるのが困難なのも十分に理解しています。日本では、ダイバーシティ＝女性活躍というイメージがあります。そのため、ダイバーシティを進めようとするとき、とにかく女性管理職や女性役員の数を増やす発想になりがち。ですが、こういった数ありきのダイバーシティでは、本来その立場にない女性が無理矢理登用され、失敗したときにキャリアに傷がつくことにもなりかねません。

また、大手の一部上場企業を見れば、トップの大半は60代の男性が占めています。彼らに、女性が働きやすい職場にして、若い人や外国の人も活躍できる場を作ろうと提案しても、受け入れられる可能性は低いでしょう。彼らはあと2～3年現状を維持すれば、引退できます。あえてメリットもなく、しかもリスクの高いダイバーシティを採用する理由がないのです。

とりあえずダイバーシティ推進室を作らないとまずいかな、というゆるい動機の企業もありますが、こんな会社は何も変わりません。**何よりもまず、経営者が〝経営戦略〟として腹をくくって取り組まなければダメ**です。その上で、時間当たりの生産性で評価が行われることを基本とした、個人が働きやすい職場環境を実現することが重要です。

■女性起業家を増やすという発想

その他、経産省がダイバーシティ関連で始めようとしている施策の一つに、女性起業家を増やすプロジェクトがあります。

このプロジェクトを担っている経産省の八木春香さんは、本格的なスタートアップだけではなく、街のカフェやパン屋さんといったスモールビジネスも大歓迎だと言います。

日本の女性の労働力率は、M字カーブの形状で表されます。要は、一度就職した女性の半分ほどが、結婚・出産期に退職し、育児が落ち着いた時期に再び働き出すので、M字カーブを描くわけです。

この谷間にいる子育て世代は300万人近く存在すると言われ、社会参加が期待されています。彼女たちは、実は自宅でできる働き方と親和性が高いのですが、ビジネスの経験も少ないため、起業にハードルを感じる人もたくさんいます。

そこで、経産省が主導して全国各地にサポート機関のネットワークを作り、起業の相談に乗ったり、先輩からのアドバイスを受けられたりといった、ワンストップ型のサービスを提供しています。実に面白い試みです。

■「自分のために会社を使っていい」と言う企業が選ばれるようになる

このような流れを受け、すでに一部の企業は会社都合の限界に気づいています。たとえば、グーグルの共同創業者・CEOを経て、現在はアルファベットのCEOであるラリー・ペイジは、「Let's develop leaders for the world.（世界のためにリーダーを育成しましょう）」と繰り返し語っています。

彼の念頭にあるのは、世界のためのリーダーの育成が会社都合に優先するという価値観。「グーグルを退社して社員として貢献できなくなっても、リーダーとして世界に貢献すればいい。むしろ積極的に応援する」というスタンスなのです。

日本の企業でも、たとえばＪＴが新しい採用の試みに着手しています。簡単に言うと、「会社を自分の成長のために使っていい。まずは自分がどうなりたいかを考え、それを実現するために会社を選ぼう」というメッセージを志望者に向けて発信しています。遅かれ早かれ、企業の選び方は、これからますます変わっていくに違いありません。

会社選びはネットショッピングに近づいている

昔は、企業と採用される側は非対称の力関係があり、企業に「雇ってあげる」という姿勢がありました。けれども、これから採用のコミュニケーションは、どんどんマーケティング的なものに変化していくと予想されます。

これは、僕たちが買い物をするときのコミュニケーションと比較するとよくわかります。ほんの少し前まで、誰もがお店で買い物をしなければなりませんでした。お店に在庫がなければ、欲しいものは手に入らず、基本的にお店が提示する値段にしたがって買い物をしていました。

ところが、今や店舗に直接出向かなくてもネットで商品を気軽に買えます。一つの枕を買う場合も、様々な価格を提示する複数のショップから選択できます。ネット上の口コミが悪い商品は淘汰されていきます。お店と消費者の力関係は対等になっています。

■ブラック企業はどんどん可視化されていく

会社の採用も、これに近づきつつあります。

Vorkers《ヴォーカーズ》(https://www.vorkers.com)という口コミサイトがあります。ここでは、「社員・元社員」から独自に収集した「年収・待遇」や「職場環境」の評価・レビューを共有しています。試しに、知っている企業の名前で検索すると、瞬時に評価が数値化されて表示されます。

転職希望者は、こういった情報をもとに、この会社で働きたいかどうかを判断します。サイトを通じてブラック企業もどんどん可視化されるので、ブラック企業が今までのように人を採用し続けることは難しくなるでしょう。

今は副業・ダブルワークを認める会社が増えてきています。代表例が、サイボウズ株式会社です。

同社では、「副業」を「複業」と呼び、積極的に推奨しています。サイボウズの資産(たとえば社名や業務時間など)を使わない限りは、副業をする際に会社の承認を取る必要も、報告の義務も不要。

中村龍太さんは、サイボウズの他にＮＫアグリという農業生産法人の社員やコラボワーク代表も務め、ダブルワークどころではないトリプルワークの人もいます。さらに2017年には複業採用にも踏み切り、サイボウズでの仕事を本業としない人も出てきています。また、在宅勤務や育自分休暇制度、子連れ出勤制度などを採用した結果、離職率が2005年の28％から4％以下に下がったそうです。

採用される側が自己ＰＲをする前に、会社が自己ＰＲをしなければならない。就職や転職のあり方が大きく変化していくのも当然ですね。

会社の戦略を実現させるのに不可欠なこと

人事系のコンサルタント会社の多くが提供しているのは、〝会社都合のコンサルティング〟です。要するに、「コストを削減したい」「グローバルな企業にしたい」という戦略のもとに、採用方針やチーム作りのアドバイスをしたり、リーダーシップ育成プログラムを提供したりしています。

しかし、僕のスタンスは真逆です。僕は、〝個人の自己実現ありき〟で考えます。まず会社で働く人の自己実現を後押しして、その結果として会社の戦略を実現させる順序です。

ケン・ウィルバーというアメリカの現代思想家がいます。彼は、万物が無限の「ホロン構造」から成っているとの説を唱えています。ホロンは、一つの独立した全体でありながら、もっと大きなものの部分としても存在します。

僕なりの解釈で言うと、自分自身もホロンでもあるし、3人でチームを組んでホロンを構成することもある。一つの部署がホロンでもあるし、会社、社会、宇宙もホロンであるということです。

たとえば、野球やサッカーなどのチームスポーツをイメージしていただければわかりやすいです。チームが勝利すれば、チームメンバーは必ず充実感が得られるかというと、ちょっと違います。

メンバー一人ひとりが、自分のポテンシャルを存分に発揮してチームに貢献する。そのほうがメンバーの充実感は大きいはずですし、チーム力のアップにも繋がります。

これは会社組織においても同じです。社員一人ひとりの自己実現こそが、会社の発展に繋がります。

■出世が目標？ そんなに会社都合のキャリアでいいんですか？

そう考えると、自己実現と自己啓発はニュアンスが異なります。自己啓発は、自分の成長が第一。悪く言えば自己中心的な考え方です。

一方で自己実現を目指す人にとって、自分一人の成長がすべてではありません。**自分のアイディアやポテンシャルには限界があると自覚し、周囲の人たちと力を合わせながらアイディアやポテンシャルを高めていく。**そこに自己実現の醍醐味があるのではないでしょうか？

一人ひとりが自己実現することで、個人よりチーム、チームより会社、会社より社会全体で大きなことを成し遂げられます。自己実現は、自分のためでもあると同時に、チームのため、会社のため、社会のためでもあるのです。

残念なことに、ほとんどのビジネスマンが自己実現ではなくて、自己啓発を志向しています。彼らは係長であれば課長に、課長であれば部長になりたい。つまり、限られた役割の中で次のレベルを目指します。どこまでも会社都合のキャリアを歩んでいるので、自己実現から乖離してしまう。

重視すべきは、与えられた役割の中での成長を目指すことではありません。自分のポテンシャルを開花させ、周囲にどのような影響を与えられるかを考えて欲しいのです。

あなたはストームトルーパーになりたいか？

僕は学生向けの就活セミナーで話をする機会も多いですが、そこで印象的な出来事がありました。

ある女子学生が僕のところへやってきて、泣きながらこう訴えたのです。

「私はいろんな会社にエントリーをしてきたのですが、まだ1社からも内定をもらっていません。周りの子たちはどんどん内定が決まっているのに、私だけが取り残されているみたいで、とてもつらいです。どうすればいいですか？」

僕は彼女にこう言いました。

「まず、今やっている就活をやめたらいいんじゃないですか？」

彼女はあまりに意表をつかれたのか、びっくりした表情を見せました。おそらく僕が何か就活に役立つようなアドバイスをしてくれると期待していたのでしょう。それが「就活をやめたら?」と言うのですから、びっくりするのも当然です。

僕は「働かなくてもいい」と言いたかったのではありません。伝えたかったのは「道は一つではない」ということ。もっと言えば、「自分で道を作るという方法もある」と知って欲しかったのです。


僕がポーランドの大学を卒業したときに、「就活をする」という発想は持っていませんでした。もちろん、いずれはどこかの企業に就職するかもしれない。けれども、皆が一斉に同じように就職活動をして、同じ時期に内定を得て、新卒で入社するという就活制度はありませんでした。

日本に来てから、大学生が一斉に就活をすると聞いて、驚きました。**こんな採用方法をしている国は日本くらいです。**一斉に入社して、一斉に同じ研修を受けて職場に配属される。これが工場で200人を一括採用するという話だったり、「スター・ウォーズ」の兵士、ストームトルーパーを採用するのだったならまだ理解できます(笑)。一斉に研修を行い、均質の作業ができるように人材を育成するなら、そのほうが効率的だからです。

しかし、今なぜ、その発想をホワイトカラーワーカーにまで適用するのでしょうか。

ホワイトカラーの仕事は、部署によってまったく異なります。また、学生のほうが先輩社員よりもテクノロジーに精通しています。であれば、一斉に採用して一斉に育てる制度はすでに無効になっているはずです。

同じタイミングで就職しなければならない。その時点で、すでに会社の都合に自分をゆだねているという事実に気づくべきです。

「日本では新卒でないと就職に著しく不利なんです」

そう主張する人もいますが、本当でしょうか？　**新卒一括採用にこだわっているのは大手企業を中心としたオールドエリートたち。スタートアップや中小企業は、いつでも優秀な人材を受け入れています。**

藤川希さんは立命館大学の学生です。2年前、彼女が起業家向けのカンファレンス、Slush Asiaのボランティアをやっていたときに出会いました。わざわざ関西から東京に引っ越して僕が経営するプロノイア・グループでインターン生として仕事をした後、起業家を育成しているMAKERS UNIVERSITYという仕組みに入り、2017年に人材紹介事業を立ち上げて独立。今、同時にベンチャー・キャピタリストになる勉強をしています。

「新卒で大手企業に入社できなかったからと言って、人生が終わったと思うなんて馬鹿馬鹿しい。あなたはその気になれば自分で仕事を作ることもできるし、スタートアップや中小企業に入社する道もある。もっと柔軟に考えてください」

前述した就活セミナーで出会った学生に僕がこのように伝えると、彼女は「そんなこと考えたこともありませんでした。勇気が出てきました。ありがとうございます」と明るく答えてくれました。

既存のルートにしか生きる道はない——。その思い込みこそが自分の可能性を閉ざします。これからの時代をリードする人は、自分の力で道を切り開いていきます。就職や転職にあたって、まずはそれを自覚して欲しいのです。

そして、**企業の側は、新卒一括採用にこだわりすぎて優秀な人材を逃しているかもしれない**と考えてみてください。自分でビジネスを立ち上げ四苦八苦した後、それをたたんで就職することを考えた人、学校を出て就職せず、いろいろな国でいろいろなアルバイトをしてお金を稼いできた人など、様々な背景を持った人がいる会社のほうがイノベーションが起こりそうではないでしょうか？

クリエイティブな人材を見分ける前にやるべきこと

僕が、ある企業の人事部と、人事制度見直しプロジェクトを打ち合わせていたときの話です。その企業は新しいイノベーションを志向していて、そのための人材採用・育成はどうあるべきかを模索していました。プロジェクトには社内外のメンバーが集められ、僕の会社以外にも、コンサルティング企業がメンバーに加わっていました。

プロジェクトの責任者である人事部長は、クリエイティブな人材を採用して育成する必要があると考えていました。そこで、僕たち外部の人間に聞きました。

「クリエイティブな人間ってどんな人ですか？　たとえば、『出る杭は打たれる』と言われるようなタイプですか？　どうすれば、クリエイティブな人材を選別することができますか？」

僕はこう言いました。

「部長、少し考えすぎじゃないですか？　あれこれ言っていても、クリエイティブな人材が見つかるとは限りませんよ」

■「第一印象」と「仕事の結果」は関係ない

そもそもクリエイティブな人材は、タイプなどで判断することはできません。

クリエイティブな仕事をした人を、後追いで「クリエイティブな人」と言っているだけ。つまり、人材のタイプを判断するのではなく、クリエイティブな仕事をしたかどうかで判断するしかないのです。

第一印象で言えば、社交的で、臆せず自分の意見を主張する人がクリエイティブっぽく見えます。でも、そういうタイプの人を採用しても、実際には結果が伴わなかったりします。

前述したように、グーグルのエンジニアには、人と目を合わせられないような「コミュ障」タイプのリーダーがいました。彼はエンジニアとしてもリーダーとしても非常に有能でした。他にも、物静かでほとんど自己主張をしない人が、皆の気づかないところで優れてクリエイティブな仕事をする姿を何度も目の当たりにしました。

だからといって、コミュニケーションに難のある人が、クリエイティブであると類型化するのも不可能です。

フレームワークに基づいて人を判断すると、重要な見落としが発生します。たとえば、「IQテスト」という指標があります。全人口の上位2％のIQの持ち主は、メンサ(MENSA)という国際グループに所属できます。

僕自身は、正直IQテストを受けることに価値を感じていません。メンサに入会している人たちにも興味なし、です。

IQテストは、突き詰めれば、ロジカルシンキングのテスト。論理的思考にすぐれた人が、高いスコアを記録します。それ以上でも、以下でもありません。

メンサに入会している人たちが、新しい価値を生み出したり、イノベーターになったり、起業家として大成したりという相関関係はないのです。つまり、メンサの会員だからといって、仕事ができるとは言えないわけです。

重要なのは、クリエイティブな人材を選別する方法を追求するよりも、**いち早くクリエイティブな仕事ができるような「場作り」を進め、実際に仕事をしてもらうことです。**

その中で、実際にクリエイティブな仕事をしている人を、早く見極めて登用していくのが唯一の策です。

学歴も見た目も関係ない。人材はすべて結果で判断する

最近、僕の会社には、インターンをしたいという学生がたくさんやってきます。僕自身は、インターン志望の学生は、できるだけ受け入れています。

「イベントをしているので、まずはその手伝いとして来てもらえますか？」

問い合わせをしてきた学生には、このように声を掛けて、適正を見極めます。

そんな具合で、僕が3人のインターン生を連れてイベントを行っていたところ、参加者の方から、こんな質問を受けました。

「御社のインターンは女子学生ばかりですね。何か理由はあるのですか？」

言われて初めて気づきました。確かに、インターン生は3人とも女子学生です。でも、これは「女性」という属性ありきで採用したのではないのです。

実は、これまで男子学生を採用するチャンスは何度もありました。

ある男子学生は、起業家になりたいというビジョンが明確でした。そこで、「とりあえずイベントで100人集めるためのプランを書いてください」とお願いしたのですが、何のプランも準備してくれませんでした。

別の男子学生には、こう言いました。

「僕がインターンの女性と打ち合わせをしている姿をまず見てください。次にその打ち合わせに参加して、彼女とコミュニケーションを取る様子を見せてもらいます。それによって、付いていけるかどうかを見極めたいので……」

すると、彼は、驚くべき質問を発しました。

「その女性はかわいいですか?」

一瞬、何を聞かれたのかわからずポカンとしました。なぜ、インターンの女子学生がかわいいかどうかを確認するのか。よくよく尋ねると、彼はインターンの場で、恋人を探そうとしていると言うのです。これには驚きを通り越して、あきれました。

確かにダイバーシティがうたわれている時代に、インターンに女子学生ばかり採用していると、「女性に偏った会社なのかな?」と誤解される可能性はあります。けれども、そんな体面はどうでもいいです。

僕が見たいのは、結果として仕事ができるかだけ。「男女ともにイベントを手伝ってもらったところ、結果を出したのが女性だった。だから女子学生を採用した」。以上です。

人材の見極め方は、とても簡単です。一緒に仕事をしてみて、できるかできないかを見るだけです。見た目も、話し方や声のトーンなども無関係。積極的に見えるか、消極的に見えるかなども、どうでもいい。

リーダーとして、メンバーを見た目や能書きで判断するのではなく、ただただ実力で勝負する。その原則を忘れないようにしましょう。

幸せに働き続けるために、日本の職場に足りないもの

自分がどんな未来を手に入れたいかは、過去をきちんと振り返らないと見えてきません。

今日は何をして、何を感じて、何を学んだか。

今の仕事で何が楽しくて、何が楽しくないか。

多くの人は、そんなふうに日々自分の頭の中を整理する習慣がないのでしょう。整理をしないまま、「今の仕事はつらい」と言って立ち止まっている人をよく見かけます。

自分に問いかけることは、すごく大事です。人は特に何もしなくても毎日成長しています。わずか1％の成長でも、過去を振り返ることでそれをきちんと認識できます。認識できれば、それがプライドに繋がり、1年で3700％を超える成長に積み上がります（1

01%の365乗)。過去にプライドを持てれば、未来も描けるようになるのです。

よく、「大きな成功体験があるわけじゃないので……」と言う人がいます。日本人は大きな成功にとらわれすぎています。もちろん、大きなビジョンに向かうことは大事です。でも、魔法は一瞬ごとに起きています。それが積み重なって今があるのです。どんなに小さなことでも、つらい思いをしながら乗り越えてきたことが絶対あるはずです。その経験と感情を振り返り、整理すると、未来が見えてきます。

■必要なのは5段階

人が幸せに働き続けるには、次の5つの段階が必要です。

1. 自己認識をする
2. 自己開示をする
3. 自己表現をする
4. 自己実現をする
5. 自己効力感を上げる

1は今説明した「振り返り」です。

2は、自分が思い描いた未来や理想を手に入れるために「これが欲しい」と相手にきちんと伝えること。

そして3、4で自分が望むような形で自己表現や自己実現ができて初めて、周りから感謝されたり評価されたりして5の自己効力感が上がります。自己効力感とは、「自分はできる」という自信でしたね。

難しい言い方をしましたが、要は自分に問いかけながら深く考えるということです。

・自分は仕事を通じて何を得たいんだろう？
・なぜ、それを得たいんだろう？
・何をしたときに「いい仕事をした」と思えるだろう？
・「いい仕事」をするために今は何が足りないんだろう？

そんなふうに考えてみるのです。

日本は1の自己認識と2の自己開示が圧倒的に足りていません。そもそも日本人は世界

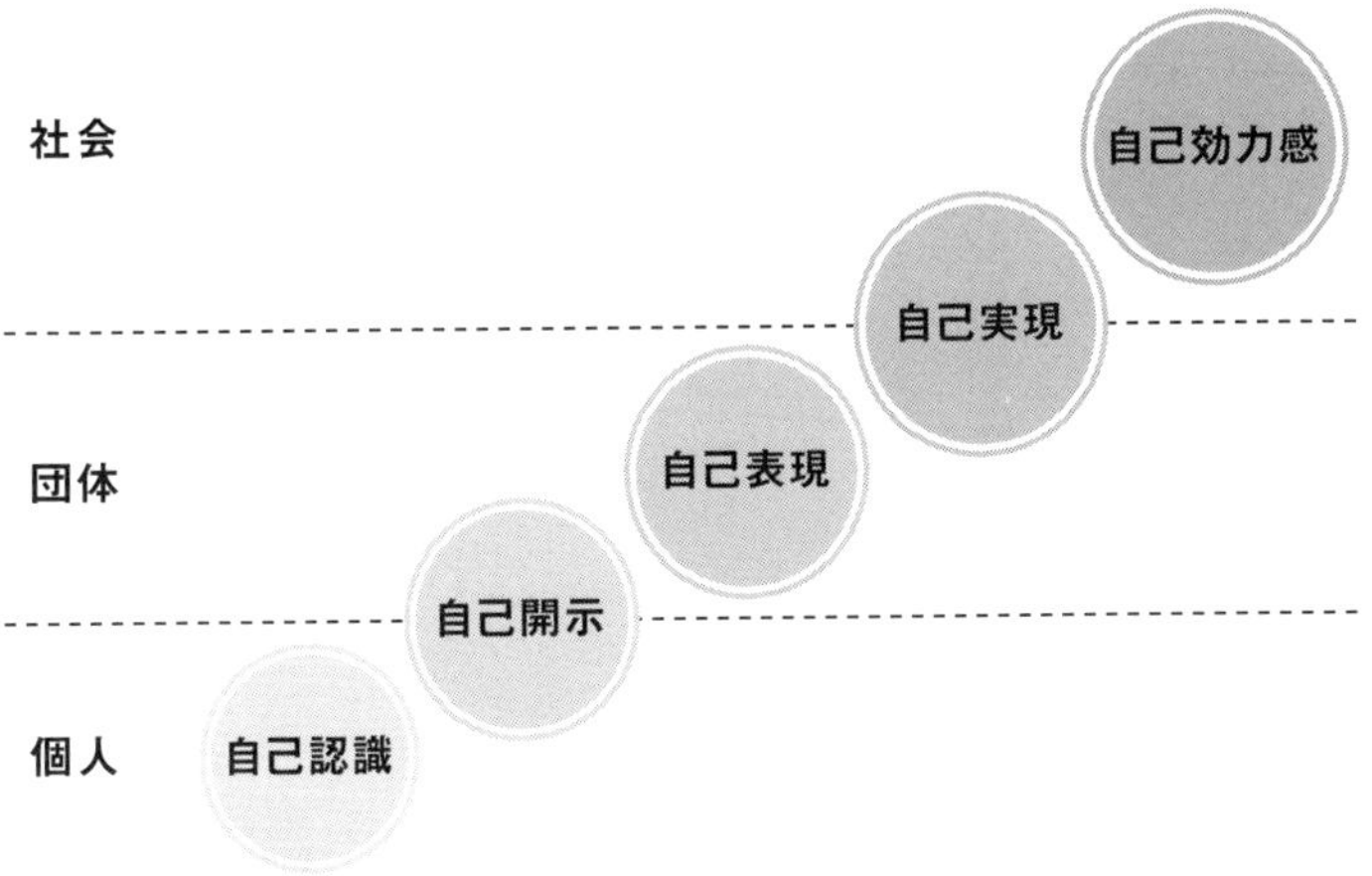

的にも特に自己認識と自己開示をしない民族です。フェイスブックでもプロフィール写真にネコやカフェの写真を使っている人が多いですが、これも自己開示力の無さを表しています。ネコから友達申請が来ても「誰だっけ？」となってしまいます。

自己認識と自己開示は、今の時代、やらなければダメです。

日本では最近「働き方改革」が流行っていますが、この2つをすっ飛ばして全部制度から入っています。オフィスをフリーアドレスにしてみたり、パソコンを持ち出してカフェで仕事したり、はたまた20時でオフィスの電気を一気に消したり……。

でも、そんな取り組みは一つの枝葉にすぎません。必要なのは「自己認識」と「自己開示」です。自分がどんな人間か、何をしたいのかをはっきりさせないまま自己実現するなんて、考えただけで無理だとわかりますよね。

■日本の職場には自己開示できる場所がない

特に自己開示に関しては言いたいことがたくさんあります。日本の職場には安心して自己開示できる場所がありません。個人個人が今どんな問題を抱えながら働いているか、その問題をどんなふうに解決してほしいと考えているかを、言葉にして話せる環境がないのです。

そういう環境を用意しないで制度だけ整えても、何の意味があるの？ と首をかしげてしまいます。

ちょっとお酒を飲めば、「こうしたい」「これが欲しい」といった自分の要望を言えるのですが、シラフだと無理。未だに飲みニケーションがないと自己開示できないのが日本です。

先日、とある大手企業の局長さんと話をする機会がありましたが、彼も「オレ、会社では絶対に上司に本音を言わないです」とこぼしていました。局長レベルでそうなら、その下の社員は絶対に自己開示していないですよね。

■「女性の上司」が一番相談しにくい相手?

安心して自己開示できる場所がないのは男女ともですが、特に女性は難しいかもしれません。僕は普段からビジネスパーソンが集まるセミナーやコミュニティに参加していますが、そこで会う女性たちからよく相談を受けます。

職場の人間関係のこと、待遇のこと、転職のこと、結婚のこと……もう何でもです。どうして僕に打ち明けるんだろう? と常々疑問に感じているのですが、彼女たちの話をよくよく聞いてみると、「ピョートルさんには言えても、女性の上司には言えない」と言います。つまり私みたいな「ヘンな外国人」には自己開示できても、女性のリーダーには自己開示できないのです。

彼女たちも、一度は女性のリーダーに相談してみた過去があります。でも、そのときに「私たちだって苦労して我慢してきたんだから、あなたたちもうまくやりなさい」などと言われたから、もう相談する気がなくなったと言います。

女性にとって一番自己開示しやすそうに思える、女性のリーダーが最も相談しにくい相手になっている。これは「男性っぽさ」を過剰に取り込んだ女性が役職に就いているのが理由と言えそうです。

■「自己開示」できる環境をどうやって作るか

ではどうやって「自己開示」できる環境を作るか。

自己開示のコツは「いい質問」をすること。質問には、「時間をムダにする質問」と「人生を変える質問」の2種類しかありません。相手にうまく自己開示してもらうには、後者の質問をうまく積み重ねていくことです。

たとえば、後輩が自分の話をちゃんと聞いてくれないとグチっている人がいたら、

「つまり後輩にもっと話を聞いて欲しいということですね?」

「話を聞いてもらうために何か試しましたか?」

「じゃあ、何をしましょう?」

と建設的に話していく。

最終的には後輩に「◯◯してください」と具体的に依頼できる内容が見えてくるまで質

問を繰り返します。

つまり、自分がどんな信念や価値観に基づいて、どんな状態を理想としているか、「あなたはどうしたいのか」にまで落とし込んでいく質問が大事です。

相手に自己開示させるのが上手な人は、会話を通じて、相手が何らかのギフトを持ち帰れるように意識できる人です。「後輩へのグチ」を「後輩への依頼」に変えられたら、それはギフトを与えたことになります。でも、実際にこれを意識できている人は、ほとんどいません。

■「自己開示」はマネジメントスキルである

自己開示はマネジメントスキルです。**日本の職場で自己開示が進まない原因の一つに、マネージャーにマネジメントスキルがなさすぎることが挙げられます。**ほとんどの日本企業では、上司とチームメンバーは1年に1度か2度、期末の評価面談くらいしか1対1で話をする機会がありません。

しかもチームメンバーが普段どんな仕事をしてどんな成果を上げているかを把握していないために、訳のわからない話をされておしまいになっています。

この問題は結局、私たち一人ひとりに「自己認識」が足りないこと、そして日本の職場に安心して「自己開示」できる環境がないことの2つが原因なのです。

あとがき 2050年の世界を創造しよう

これまで生きてきて、あなたにもきっと挫折があったでしょうし、今現在、夢中になっていることも何かあるはずです。

未来は予測できませんが、創造することはできます。貧しい環境で生きていた冷戦時代の幼い僕は今の自分の人生も想像ができなかったですが、今の自分を作ってきました。

日本が目を向けている2020年はあっという間にきます。それ以上の未来志向が必要不可欠です。僕たちがやらなければならないことが山ほどあります。よく見れば、未だに解決されていない次のような深刻な問題が続いています。

・**環境問題**：我々は、地球の再生能力の1・5倍の資源を消費しています。
・**収入と財産の格差**：上位1％の人々は下位90％の人々以上の財産を所有しています。

・**財政の問題**：物理的な（物の）国際貿易額が20兆米ドルで、外国為替取引の総額の1・4％未満しかありません。
・**所有権の問題**：所有されている財産のほとんどは、社会のために利用されていない状況です。
・**技術の利用の問題**：技術やテクノロジーは社会的な問題を全面的に解決するためではなく、目の前にある問題解決のためにしか使われていないです。
・**ガバナンスの問題**：調整メカニズムは、大きな社会問題から切り離されています。
・**リーダーシップの問題**：意思決定者は、意思決定の影響を受ける人々から切り離されています。
・**性別の格差**：女性はまだ十分な権利を与えられていません。
・**消費者主義の問題**：消費は、健康と幸せの増加に繋がりません。
・**性的な犯罪の問題**：性教育の不足、その結果としてポルノや売春、性的虐待が増えます。
・**教育の問題**：現代の教育システムは時代遅れ、未来に備える育成ができていません。

最後に是非時間をとって深く考えてみてください。上記の問題が変わらないままに、今から生まれる子どもたちの世界はどうなるんだろう。自分の老後の人生はどうなるんだろう、と。

自己実現は、自分のレガシーを残すことです。幸せに生きるために give & take のバランスをとることも必要です。世界に（仕事を通じて）何をもたらしたいのか、世界から（仕事を通じて）何を得たいのかをしっかり決めて生きている人は、ニューエリートです。

まず、何をもたらしたいのかという give を考えてみましょう。

1. あなたのパッション（情熱）は何ですか？（何に夢中なのか）
2. あなたのビジョンは何ですか？（どんな世界が見たいのか）
3. あなたのミッションは何ですか？（何がしたいか）
4. あなたの野望はなんですか？（どういうふうに、いつまでやりたいのか）
5. あなたのサポーターは誰ですか？（応援、支援してくれる方は？）

Take のこともしっかり考えてみましょう。

1. あなたは仕事を通じて何を得たいのか？
2. どうしてそれを得ることが大切なのか？（「なぜ」と3回問うて深めること）
3. 何をもって「いい仕事をした」と言えるだろうか？
4. どうして今の仕事を選んだ（選んでいる）のか？
5. 去年の仕事は、今年の仕事にどう繋がっているだろうか？
6. あなたの一番の強みは何だろう？
7. 周りの人は、あなたをどう支援できるのか？

答えが出なくても問い続けてみてください。いつか必ず答えが出ます。

本書を読んで興味を持ってくださった方は、Facebook/Twitter @piotrgrzywacz や www.piotrgrzywacz.com をご覧いただけたら幸いです。是非一緒に、世界を変えていきましょう。

また、本書でご紹介した4つのエネルギーについては『Google流 疲れない働き方』

（ＳＢクリエイティブ）、会議運営に関しては『日本人が知らない会議の鉄則』（ダイヤモンド社）、日本の女性については『日本の女性は最強の生き物』（幻冬舎）、メンタルタフネスについては『世界基準の「メンタル」を作る』（廣済堂出版）として出版を予定しています。よろしければお目通しいただけたら嬉しいです。

最後に、この本の執筆にご協力いただいた蒼井千恵さん、石山アンジュさん、海野優子さん、片貝朋康さん、川嶋一実さん、岸本有之さん、鈴木絵里子さん、鈴木円香さん、グスタボ・ドリーさん、小宮沢奈代さん、佐藤博さん、佐藤友理さん、坂井萌さん、澤田智裕さん、世羅侑未さん、竹中花梨さん、鍋倉遥さん、沼田尚志さん、西本留依さん、中村正敏さん、中村龍太さん、藤川希さん、星野珠枝さん、八木春香さん、渡辺貴紀さんに、感謝申し上げます。

２０１８年１月　ピョートル・フェリクス・グジバチ

■著者
ピョートル・フェリクス・グジバチ（Piotr Feliks Grzywacz）
ポーランド生まれ。ドイツ、オランダ、アメリカで暮らした後、2000年に来日。2002年よりベルリッツにてグローバルビジネスソリューション部門アジアパシフィック責任者を経て、2006年よりモルガン・スタンレーにてラーニング＆ディベロップメントヴァイスプレジデント、2011年よりグーグルにて、アジアパシフィックでのピープルディベロップメント、さらに2014年からは、グローバルでのラーニング・ストラテジーに携わり、人材育成と組織開発、リーダーシップ開発などの分野で活躍。現在は、独立して2社を経営。日本在住17年。ダイビングと合気道を行う。
著書に『0秒リーダーシップ』（すばる舎）、『世界一速く結果を出す人は、なぜ、メールを使わないのか』（SBクリエイティブ）がある。

プロノイア・グループ　http://www.pronoiagroup.com
モティファイ株式会社　www.motify.work

ニューエリート
グーグル流《りゅう》・新《あたら》しい価値《かち》を生《う》み出《だ》し
世界《せかい》を変《か》える人《ひと》たち

2018年3月1日　第1刷発行
2018年5月5日　第7刷発行

著者――――――ピョートル・フェリクス・グジバチ
発行者―――――佐藤　靖
発行所―――――大和《だいわ》書房
東京都文京区関口1-33-4　〒112-0014
電話　03-3203-4511

編集協力――――渡辺稔大
装丁――――――井上新八
写真撮影――――加治枝里子
本文デザイン・図版―松好那名（matt's work）
本文印刷――――信毎書籍印刷
カバー印刷―――歩プロセス
製本――――――小泉製本

ISBN978-4-479-79634-3

http://www.daiwashobo.co.jp